日本漢字能力検定審査基準

10級

程度 小学校第1学年の学習漢字を理解し、文や文章の中で使える。

領域・内容

《読むことと書くこと》 小学校学年別漢字配当表の第1学年の学習漢字を読み、書くことができる。

《筆順》 点画の長短、接し方や交わり方、筆順および総画数を理解している。

9級

程度 小学校第2学年までの学習漢字を理解し、文や文章の中で使える。

領域・内容

《読むことと書くこと》 小学校学年別漢字配当表の第2学年までの学習漢字を読み、書くことができる。

《筆順》 点画の長短、接し方や交わり方、筆順および総画数を理解している。

8級

程度 小学校第3学年までの学習漢字を理解し、文や文章の中で使える。

領域・内容

《読むことと書くこと》 小学校学年別漢字配当表の第3学年までの学習漢字を読み、書くことができる。

- 音読みと訓読みとを理解していること
- 送り仮名に注意して正しく書けること (食べる、楽しい、後ろ　など)
- 対義語の大体を理解していること (勝つ―負ける、重い―軽い　など)
- 同音異字を理解していること (反対、体育、期待、太陽　など)

《筆順》 筆順、総画数を正しく理解している。

《部首》 主な部首を理解している。

7級

程度 小学校第4学年までの学習漢字を理解し、文章の中で正しく使える。

領域・内容

《読むことと書くこと》 小学校学年別漢字配当表の第4学年までの学習漢字を読み、書くことができる。

- 音読みと訓読みとを正しく理解していること
- 送り仮名に注意して正しく書けること (等しい、短い、流れる　など)
- 熟語の構成を知っていること
- 対義語の大体を理解していること (入学―卒業、成功―失敗　など)
- 同音異字を理解していること (健康、高校、公共、外交　など)

《筆順》 筆順、総画数を正しく理解している。

《部首》 部首を理解している。

6級

程度 小学校第5学年までの学習漢字を理解し、文章の中で漢字が果たしている役割を知り、正しく使える。

領域・内容

《読むことと書くこと》 小学校学年別漢字配当表の第5学年までの学習漢字を読み、書くことができる。

- 音読みと訓読みとを正しく理解していること
- 送り仮名や仮名遣いに注意して正しく書けること (求める、失う　など)
- 熟語の構成を知っていること (上下、絵画、大木、読書、不明　など)
- 対義語、類義語の大体を理解していること (禁止―許可、平等―均等　など)
- 同音・同訓異字を正しく理解していること

《筆順》 筆順、総画数を正しく理解している。

《部首》 部首を理解している。

5級

程度 小学校第6学年までの学習漢字を理解し、文章の中で漢字が果たしている役割に対する知識を身に付け、漢字を文章の中で適切に使える。

領域・内容

《読むことと書くこと》 小学校学年別漢字配当表の第6学年までの学習漢字を読み、書くことができる。

- 音読みと訓読みとを正しく理解していること
- 送り仮名や仮名遣いに注意して正しく書けること
- 熟語の構成を知っていること
- 対義語、類義語を正しく理解していること
- 同音・同訓異字を正しく理解していること

《四字熟語》 四字熟語を正しく理解している(有名無実、郷土芸能　など)。

《筆順》 筆順、総画数を正しく理解している。

《部首》 部首を理解し、識別できる。

4級

程度 常用漢字※のうち約1300字を理解し、文章の中で適切に使える。

領域・内容

《読むことと書くこと》 小学校学年別漢字配当表のすべての漢字と、その他の常用漢字約300字の読み書きを習得し、文章の中で適切に使える。

- 音読みと訓読みとを正しく理解していること
- 送り仮名や仮名遣いに注意して正しく書けること
- 熟語の構成を正しく理解していること
- 熟字訓、当て字を理解していること (小豆／あずき、土産／みやげ　など)
- 対義語、類義語、同音・同訓異字を正しく理解していること

《四字熟語》 四字熟語を理解している。

《部首》 部首を識別し、漢字の構成と意味を理解している。

※ 常用漢字とは、平成22年(2010年)11月30日付内閣告示による「常用漢字表」に示された2136字をいう。

3級

程度 常用漢字※のうち約1600字を理解し、文章の中で適切に使える。

領域・内容

《読むことと書くこと》 小学校学年別漢字配当表のすべての漢字と、その他の常用漢字約600字の読み書きを習得し、文章の中で適切に使える。

- 音読みと訓読みとを正しく理解していること
- 送り仮名や仮名遣いに注意して正しく書けること
- 熟語の構成を正しく理解していること
- 熟字訓、当て字を理解していること (乙女／おとめ、風邪／かぜ　など)
- 対義語、類義語、同音・同訓異字を正しく理解していること

《四字熟語》 四字熟語を理解している。

《部首》 部首を識別し、漢字の構成と意味を理解している。

※ 常用漢字とは、平成22年(2010年)11月30日付内閣告示による「常用漢字表」に示された2136字をいう。

準2級

程度 常用漢字※1のうち1951字※2を理解し、文章の中で適切に使える。

領域・内容

《読むことと書くこと》 1951字の漢字の読み書きを習得し、文章の中で適切に使える。

- 音読みと訓読みとを正しく理解していること
- 送り仮名や仮名遣いに注意して正しく書けること
- 熟語の構成を正しく理解していること
- 熟字訓、当て字を理解していること (硫黄／いおう、相撲／すもう　など)
- 対義語、類義語、同音・同訓異字を正しく理解していること

《四字熟語》 典拠のある四字熟語を理解している (驚天動地、孤立無援　など)。

《部首》 部首を識別し、漢字の構成と意味を理解している。

※1 常用漢字とは、平成22年（2010年）11月30日付内閣告示による「常用漢字表」に示された2136字をいう。

※2 1951字とは、昭和56年（1981年）10月1日付内閣告示による旧「常用漢字表」の1945字から「勺」「錘」「銑」「脹」「匁」の5字を除いたものに、現行の「常用漢字表」のうち、「茨」「媛」「岡」「熊」「埼」「鹿」「栃」「奈」「梨」「阪」「阜」の11字を加えたものを指す。

2級

程度 すべての常用漢字※を理解し、文章の中で適切に使える。

領域・内容

《読むことと書くこと》 すべての常用漢字の読み書きに習熟し、文章の中で適切に使える。

- 音読みと訓読みとを正しく理解していること
- 送り仮名や仮名遣いに注意して正しく書けること
- 熟語の構成を正しく理解していること
- 熟字訓、当て字を理解していること (海女／あま、玄人／くろうと　など)
- 対義語、類義語、同音・同訓異字などを正しく理解していること

《四字熟語》 典拠のある四字熟語を理解している (鶏口牛後、呉越同舟　など)。

《部首》 部首を識別し、漢字の構成と意味を理解している。

※ 常用漢字とは、平成22年(2010年)11月30日付内閣告示による「常用漢字表」に示された2136字をいう。

準1級

程度 常用漢字を含めて、約3000字※の漢字の音・訓を理解し、文章の中で適切に使える。

領域・内容

《読むことと書くこと》 常用漢字の音・訓を含めて、約3000字の漢字の読み書きに慣れ、文章の中で適切に使える。

- 熟字訓、当て字を理解していること
- 対義語、類義語、同音・同訓異字などを理解していること
- 国字を理解していること (峠、凧、畠　など)
- 複数の漢字表記について理解していること(國―国、交叉―交差　など)

《四字熟語・故事・諺》 典拠のある四字熟語、故事成語・諺を正しく理解している。

《古典的文章》 古典的文章の中での漢字・漢語を理解している。

※ 約3000字の漢字は、JIS第一水準を目安とする。

1級

程度 常用漢字を含めて、約6000字※の漢字の音・訓を理解し、文章の中で適切に使える。

領域・内容

《読むことと書くこと》 常用漢字の音・訓を含めて、約6000字の漢字の読み書きに慣れ、文章の中で適切に使える。

- 熟字訓、当て字を理解していること
- 対義語、類義語、同音・同訓異字などを理解していること
- 国字を理解していること (怺える、毟る　など)
- 地名・国名などの漢字表記 (当て字の一種) を知っていること
- 複数の漢字表記について理解していること(鹽―塩、颱風―台風　など)

《四字熟語・故事・諺》 典拠のある四字熟語、故事成語・諺を正しく理解している。

《古典的文章》 古典的文章の中での漢字・漢語を理解している。

※ 約6000字の漢字は、JIS第一・第二水準を目安とする。

「漢検」受検の際の注意点

【字の書き方】

問題の答えは楷書で大きくはっきり書きなさい。乱雑な字や続け字、また、行書体や草書体のようにくずした字は採点の対象とはしません。

特に漢字の書き取り問題では、答えの文字は教科書体をもとにして、はねるところ、とめるところなどもはっきり書きましょう。また、画数に注意して、一画一画を正しく、明確に書きなさい。

《例》

○熱　×熱

○言　×言

○糸　×糸

【字種・字体について】

(1)日本漢字能力検定2～10級においては、「常用漢字表」に示された字種で書きなさい。つまり、表外漢字(常用漢字表にない漢字)を用いると、正答とは認められません。

《例》

○交差点　×交叉点　(「叉」が表外漢字)

○寂しい　×淋しい　(「淋」が表外漢字)

(2)日本漢字能力検定2～10級においては、「常用漢字表」に示された字体で書きなさい。なお、「常用漢字表」に参考として示されている康熙《こうき》字典体など、旧字体と呼ばれているものを用いると、正答とは認められません。

《例》

○真　×眞

○渉　×涉

○飲　×飮

○迫　×迫

○弱　×弱

(3)一部例外として、平成22年告示「常用漢字表」で追加された字種で、許容字体として認められているものや、その筆写文字と印刷文字との差が習慣の相違に基づくとみなせるものは正答と認めます。

《例》

餌 → 餌　と書いても可

遜 → 遜　と書いても可

葛 → 葛　と書いても可

溺 → 溺　と書いても可

箸 → 箸　と書いても可

注意

(3)において、どの漢字が当てはまるかなど、一字一字については、当協会発行図書(2級対応のもの)掲載の漢字表で確認してください。

「漢検」級別 主な出題内容

級	対象漢字数	出題内容
10級	…対象漢字数 80字	漢字の読み／漢字の書取／筆順・画数
9級	…対象漢字数 240字	漢字の読み／漢字の書取／筆順・画数
8級	…対象漢字数 440字	漢字の読み／漢字の書取／部首・部首名／筆順・画数／送り仮名／対義語／同じ漢字の読み
7級	…対象漢字数 642字	漢字の読み／漢字の書取／部首・部首名／筆順・画数／送り仮名／対義語／同音異字／三字熟語
6級	…対象漢字数 835字	漢字の読み／漢字の書取／部首・部首名／筆順・画数／送り仮名／対義語・類義語／同音・同訓異字／三字熟語／熟語の構成
5級	…対象漢字数 1026字	漢字の読み／漢字の書取／部首・部首名／筆順・画数／送り仮名／対義語・類義語／同音・同訓異字／誤字訂正／四字熟語／熟語の構成
4級	…対象漢字数 1339字	漢字の読み／漢字の書取／部首・部首名／送り仮名／対義語・類義語／同音・同訓異字／誤字訂正／四字熟語／熟語の構成
3級	…対象漢字数 1623字	漢字の読み／漢字の書取／部首・部首名／送り仮名／対義語・類義語／同音・同訓異字／誤字訂正／四字熟語／熟語の構成
準2級	…対象漢字数 1951字	漢字の読み／漢字の書取／部首・部首名／送り仮名／対義語・類義語／同音・同訓異字／誤字訂正／四字熟語／熟語の構成
2級	…対象漢字数 2136字	漢字の読み／漢字の書取／部首・部首名／送り仮名／対義語・類義語／同音・同訓異字／誤字訂正／四字熟語／熟語の構成
準1級	…対象漢字数 約3000字	漢字の読み／漢字の書取／故事・諺／対義語・類義語／同音・同訓異字／誤字訂正／四字熟語
1級	…対象漢字数 約6000字	漢字の読み／漢字の書取／故事・諺／対義語・類義語／同音・同訓異字／誤字訂正／四字熟語

※ここに示したのは出題分野の一例です。毎回すべての分野から出題されるとは限りません。また、このほかの分野から出題されることもあります。

日本漢字能力検定採点基準　最終改定：平成25年4月1日

1 採点の対象

筆画を正しく、明確に書かれた字を採点の対象とし、くずした字や、乱雑に書かれた字は採点の対象外とする。

2 字種・字体

①2～10級の解答は、内閣告示「常用漢字表」(平成二十二年)による。ただし、旧字体での解答は正答とは認めない。

②1級および準1級の解答は、『漢検要覧 1／準1級対応』(公益財団法人日本漢字能力検定協会発行)に示す「標準字体」「許容字体」「旧字体一覧表」による。

3 読み

①2～10級の解答は、内閣告示「常用漢字表」(平成二十二年)による。

②1級および準1級の解答には、①の規定は適用しない。

4 仮名遣い

仮名遣いは、内閣告示「現代仮名遣い」による。

5 送り仮名

送り仮名は、内閣告示「送り仮名の付け方」による。

6 部首

部首は、『漢検要覧 2～10級対応』(公益財団法人日本漢字能力検定協会発行)収録の「部首一覧表と部首別の常用漢字」による。

7 筆順

筆順の原則は、文部省編『筆順指導の手びき』(昭和三十三年)による。常用漢字一字一字の筆順は、『漢検要覧 2～10級対応』収録の「常用漢字の筆順一覧」による。

8 合格基準

級	満点	合格
1級／準1級／2級	二〇〇点	八〇％程度
準2級／3級／4級／5級／6級／7級	二〇〇点	七〇％程度
8級／9級／10級	一五〇点	八〇％程度

※部首、筆順は『漢検 漢字学習ステップ』など公益財団法人日本漢字能力検定協会発行図書でも参照できます。

個人受検を申し込まれる皆さまへ

協会ホームページのご案内

検定に関する最新の情報（申込方法やお支払い方法など）は、公益財団法人 日本漢字能力検定協会**ホームページ https://www.kanken.or.jp/** をご確認ください。

なお、下記の二次元コードから、ホームページへ簡単にアクセスできます。

受検規約について

受検を申し込まれる皆さまは、「日本漢字能力検定 受検規約（漢検PBT）」の適用があることを同意のうえ、検定の申し込みをしてください。受検規約は協会のホームページでご確認いただけます。

1 受検級を決める

受検資格 制限はありません
実施級 1、準1、2、準2、3、4、5、6、7、8、9、10級
検定会場 全国主要都市約170か所に設置
（実施地区は検定の回ごとに決定）
検定時間 ホームページにてご確認ください。

2 検定に申し込む

インターネットにてお申し込みください。

注意

①家族・友人と同じ会場での受検を希望する方は、検定料のお支払い完了後、申込締切日の2営業日後までに協会（お問い合わせフォーム）までお知らせください。
②障がいがあるなど、身体的・精神的な理由により、受検上の配慮を希望される方は、申込締切日までに協会（お問い合わせフォーム）までご相談ください（申込締切日以降のお申し出には対応できかねます）。
③申込締切日以降は、受検級・受検地を含む内容変更および取り消し・返金は、いかなる場合もできません。また、次回以降の振り替え、団体受検や漢検CBTへの変更もできません。

◆団体受検の申し込み

自分の学校や企業などの団体で志願者が一定以上集まると、団体単位で受検の申し込みができる「団体受検」という制度もあります。団体受検申込を扱っているかどうかは先生や人事関係の担当者に確認してください。

3 受検票が届く

受検票は検定日の**約1週間前から順次お届け**します。

注意

①1、準1、2、準2、3級の方は、後日届く受検票に顔写真（タテ4㎝×ヨコ3㎝、6か月以内に撮影、上半身、正面、帽子やマスクは外す）を貼り付け、会場に当日持参してください。（当日回収・返却不可）
②4級～10級の方は、顔写真は不要です。

4 検定日当日

持ち物 受検票、鉛筆（HB、B、2Bの鉛筆またはシャープペンシル）、消しゴム
※ボールペン、万年筆などの使用は認められません。ルーペ持ち込み可。

注意

①**会場への車での来場（送迎を含む）は、交通渋滞の原因や近隣の迷惑になりますので固くお断りします。**
②検定開始時刻の15分前を目安に受検教室までお越しください。答案用紙の記入方法などを説明します。
③携帯電話やゲーム、電子辞書などは、電源を切り、かばんにしまってから入場してください。
④検定中は受検票を机の上に置いてください。
⑤答案用紙には、あらかじめ名前や生年月日などが印字されています。
⑥検定日の約5日後に漢検ホームページにて標準解答を公開します。

5 合否の通知

検定日の約40日後に、受検者全員に「検定結果通知」を郵送します。合格者には「合格証書」・「合格証明書」を同封します。欠席者には検定問題と標準解答をお送りします。

受検票は検定結果が届くまで大切に保管してください。

進学・就職に有利！
合格者全員に合格証明書発行

大学・短大の推薦入試の提出書類に、また就職の際の履歴書に添付してあなたの漢字能力をアピールしてください。合格者全員に、合格証書と共に合格証明書を2枚、無償でお届けいたします。

合格証明書が追加で必要な場合は有償で再発行できます。

申請方法はホームページにてご確認ください。

お問い合わせ窓口

電話番号 フリーコール **0120-509-315**（無料）
（海外からはご利用いただけません。ホームページよりメールでお問い合わせください。）

お問い合わせ時間 月～金 9時00分～17時00分
（祝日・お盆・年末年始を除く）
※公開会場検定日とその前日の土曜は開設
※検定日は9時00分～18時00分

メールフォーム https://www.kanken.or.jp/kanken/contact/

検定《けんてい》ではここに注意！

●検定当日について

？当日は何を持っていけばよいですか？

受検票《じゅけんひょう》（公開会場の場合）と筆記用具はかならず持ってきてください。

受検票は検定日の1週間くらい前にとどきます。

鉛筆《えんぴつ》またはシャープペンシルは、HB・B・2Bのものを使ってください。何本か多めに持っていくとよいでしょう。

消しゴムもわすれずに持っていきましょう。

？そのほかに注意することは何ですか？

検定開始の10分前から説明《せつめい》をしますので、検定開始の15分前には会場に入り、せきについてください。

けいたい電話やゲーム、電子辞書《じしょ》などは、電源《でんげん》を切り、かばんにしまってから会場に入りましょう。

せきについたら、受検票と筆記用具をつくえの上において、係員の説明をよく聞いてください。

●答案《とうあん》について

？じっさいの問題用紙はどんなものですか？

8級の問題用紙は2まい（おもてとうらで4ページ）あります。1まい目のおもてには「気をつけること」が書いてありますので、はじめにここをよく読みましょう。

8級では、問題用紙と答案用紙はべつべつになっていません。答えはすべて問題用紙にそのまま書きこんでください。問題は2まい目のうらまであります。わすれずにやりましょう。

？問題に答えるときに、どんなことに注意しなければなりませんか？

問題文をよく読んで答えましょう。答える部分や答え方などが書いてあるときは、そのとおりに答えてください。

たとえば、「――線のカタカナ」とあるところでは「――線のカタカナ」部分だけを、「ひらがなで」とあれば「ひらがな」で答えましょう。

問題文に書いてあるとおりの答え方をしないと、不正解《ふせいかい》となります。

〈れい〉

問題　つぎの――線の**カタカナ**を○の中の**漢字とおくりがな（ひらがな）**で□の中に書きなさい。

　　㊀起　毎朝七時に**オキル**。

解答《かいとう》れい　起きる……○

　　起……×

　　起キル……×

問題　つぎの――線の**漢字**の**読みがな**を――線の**右**に書きなさい。

　　シャツのボタンが取れる。

解答れい　シャツのボタンが取《と》れる。……○

　　シャツのボタンが取《とれる》れる。……×

　　シャツのボタンが取《と》れる。……×

　　シャツのボタンが取れ《と》る。……×

？答えを書くときに、どんなことに注意しなければなりませんか？

漢字を書くときは、ていねいに、はっきりと書いてください。くずした字やざつな字は採点《さいてん》されません。教科書の字（手書きの字に近いとされる）を手本にして、はねるところ、とめるところなどもはっきり書きましょう。

とくに次の点に注意してください。

①画数を正しく書く

〈れい〉　球…○　球…×

②字のほね組みを正しく書く
〈れい〉消…○　消…×

③つき出るところ、つき出ないところを正しく書く
〈れい〉急…○　急…×

④字の組み立てを正しく書く
〈れい〉整…○　整…×

⑤一画ずつていねいに書く
〈れい〉次…○　次…×

⑥よくにている、べつの字（または字の一部分）と区別《くべつ》がつくように書く
〈れい〉未／末

また、ひらがなを書くときも、漢字で書くときと同様に、ていねいに書いてください。とくに次の点に注意してください。

①形がにているひらがな
・さいごに書くところをはっきりと書く
〈れい〉ぬ・め／ね・れ・わ／る・ろ　など
・バランス・画の曲げ方に気をつける
〈れい〉て・へ／か・や／く・し／ゆ・わ／く・ん　など

②拗音《ようおん》「ゃ」「ゅ」「ょ」や促音《そくおん》「っ」は小さく右によせて書く
〈れい〉いしゃ…○　いしや…×
がっこう…○　がつこう…×

③濁点《だくてん》「゛」や半濁点「゜」をはっきり書く
〈れい〉ず…○　ず…×　ず…×
ぱ…○　ば…×　ば…×

「農・去・食・長」などは「⺃」と書くのが正しいですか？「レ」と書くのが正しいですか？

「農・去・食・長」などの「⺃」の部分は、活字（いんさつされた字）のデザインにおいて、一画で書く「レ」のおれを強調したものです。

検定《けんてい》では、〈れい1〉にあげた教科書の字（手書きの字に近いとされる）を手本にして、「レ」のように一画で書きましょう。

〈れい1〉農　去　食　長……○
〈れい2〉農　去　食　長……×

次のれいではどちらが正しい書き方ですか？

戸「戸」か「戸」か
言「言」か「言」か
文「文」か「文」か
公「公」か「公」か
糸「糸」か「糸」か
女「女」か「女」か

どちらの書き方でも正解《せいかい》とします。
検定では教科書の字（手書きの字に近いとされる）を手本にして書くことをすすめていますが、活字と手書きの字とのちがいの中には、どちらで書いてもよいとみとめられているものがあります。ここにあげた「戸」「言」「文」「公」「糸」「女」は、そのどちらで書いてもよいものの一部です。
次に、こうしたれいをあげておきます。

①長いか、短いか
戸―戸戸戸　雨―雨雨

②向きはどちらか
言―言言言　風―風風

③つけるか、はなすか
文―文文　月―月月

④はらうか、とめるか
公―公公　角―角角

⑤はねるか、とめるか
糸―糸糸　切―切切切

⑥その他
女―女女　外―外外外

学習のきろく

○学習した日と点数を記入しましょう。○学習後、各設問《かくせつもん》の正答率《りつ》を計算し、レーダーチャートを作成《さくせい》してみましょう。

しけんもんだい	1		2		3	
学習日	月	日	月	日	月	日
得点《とくてん》		点		点		点

	設問番号	(一)	(二)	(三)	(四)	(五)	(六)	(七)	(八)
	問題数	30	10	5	10	10	5	10	20
正答数	1								
	2								
	3								
正答率	1	%	%	%	%	%	%	%	%
	2	%	%	%	%	%	%	%	%
	3	%	%	%	%	%	%	%	%

しけんもんだい1

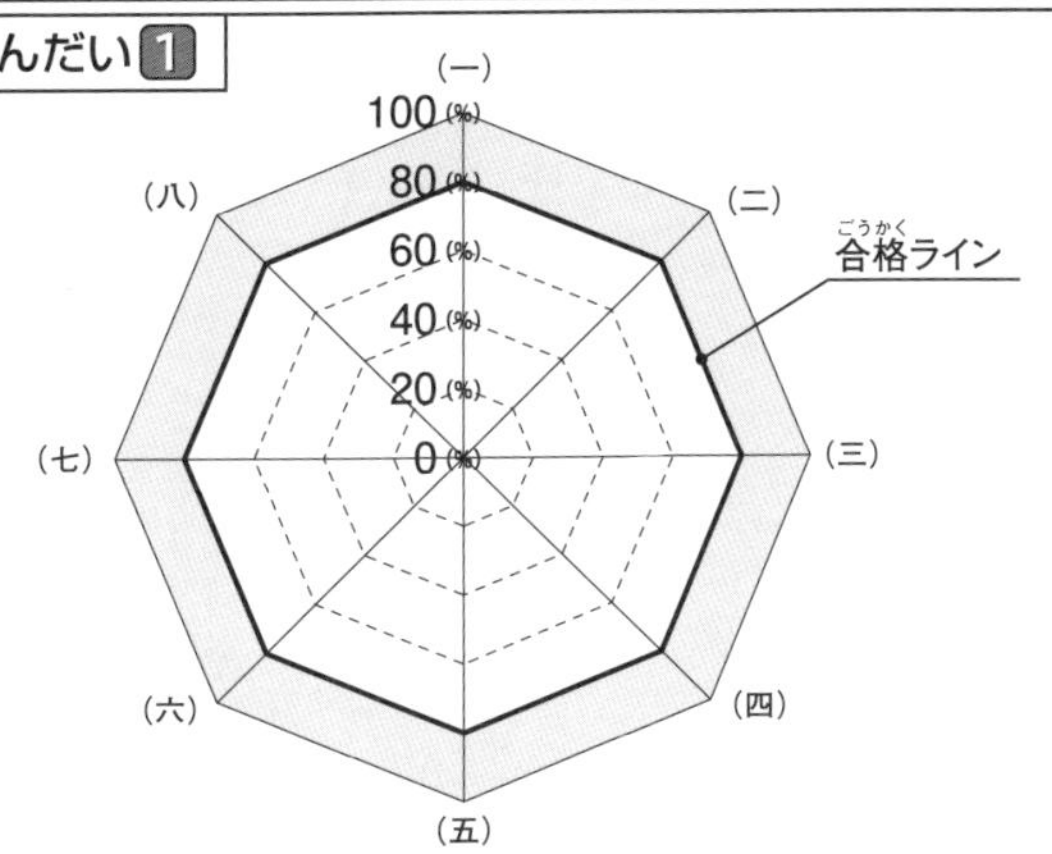

しけんもんだい2

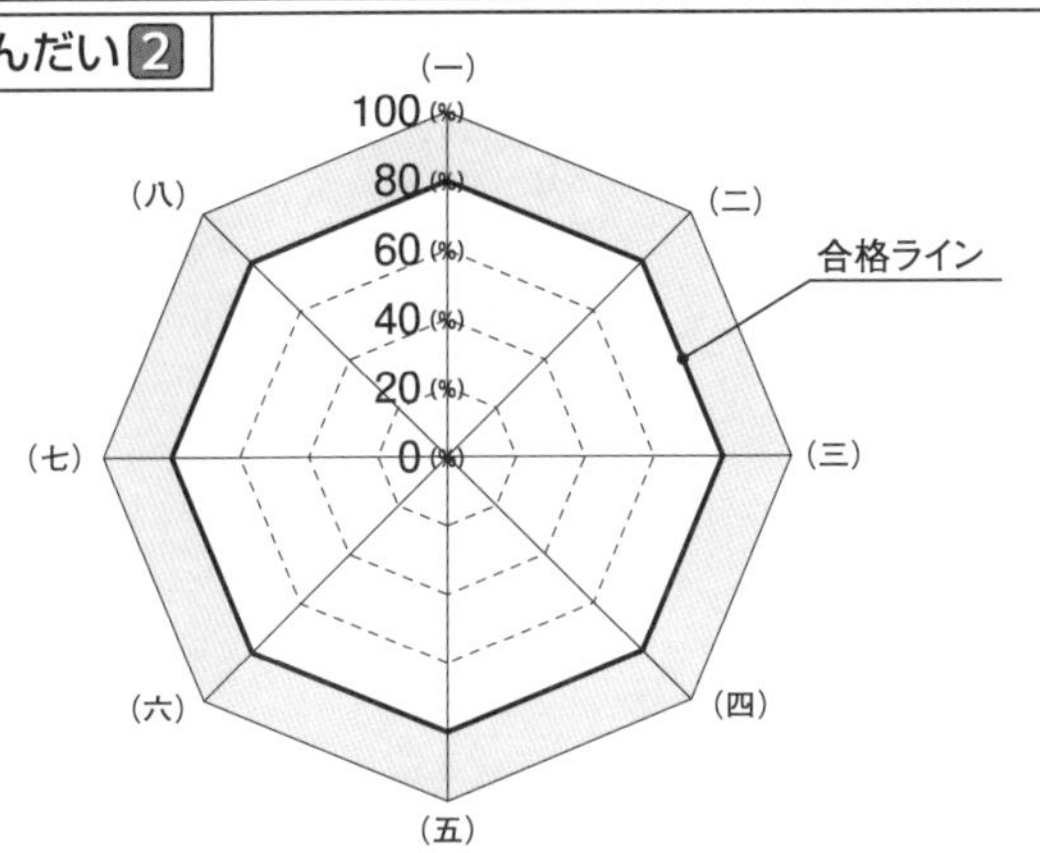

しけんもんだい3

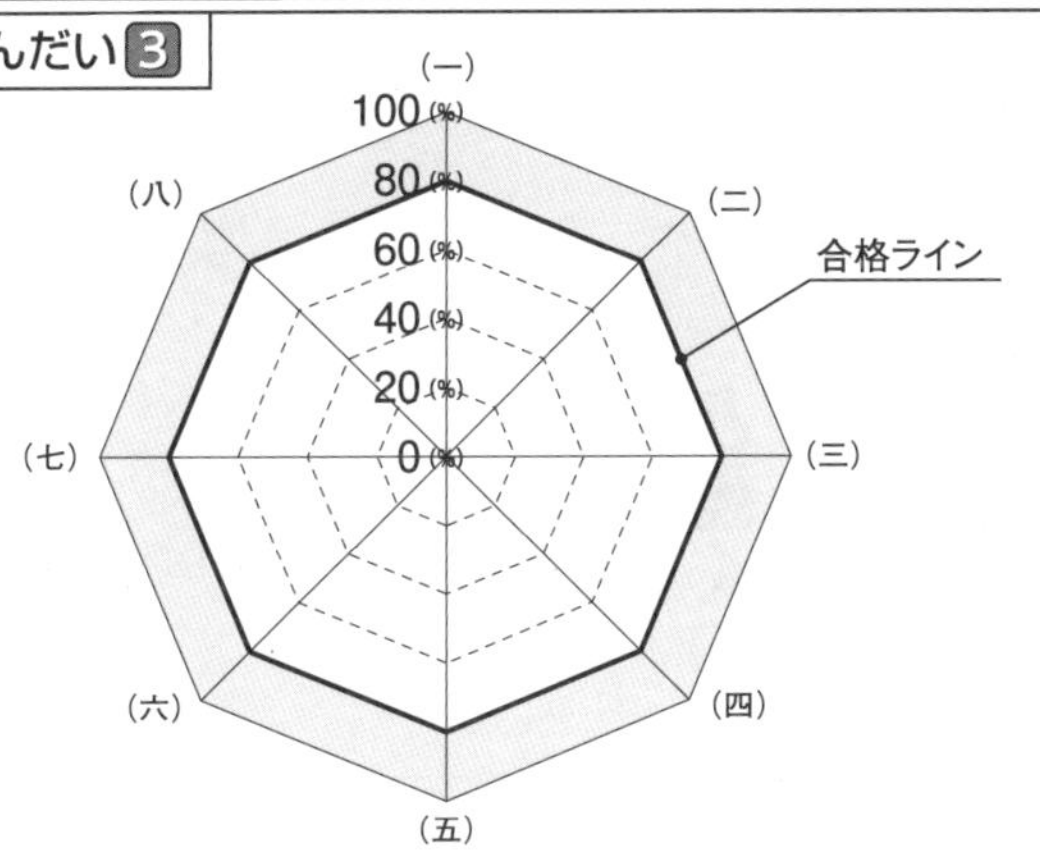

しけんもんだい	4		5	
学習日	月	日	月	日
得点		点		点

	設問番号	(一)	(二)	(三)	(四)	(五)	(六)	(七)	(八)
	問題数	30	10	5	10	10	5	10	20
正答数	4								
	5								
正答率	4	%	%	%	%	%	%	%	%
	5	%	%	%	%	%	%	%	%

しけんもんだい4

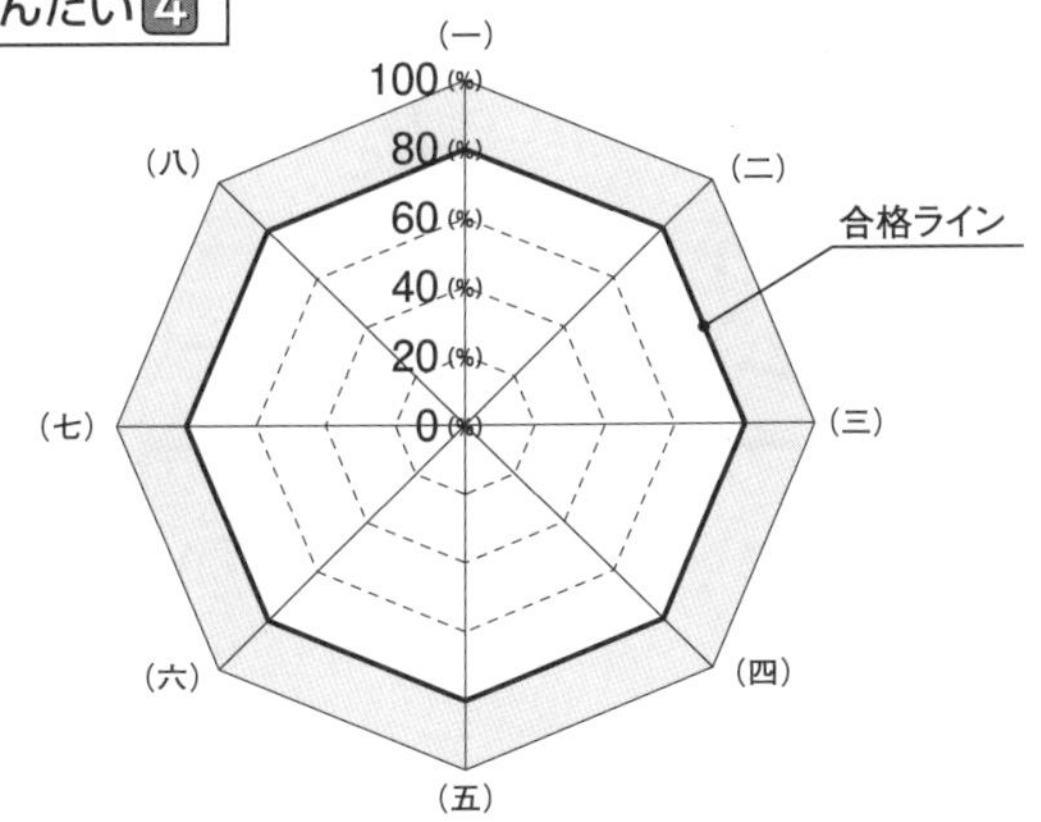

しけんもんだい5

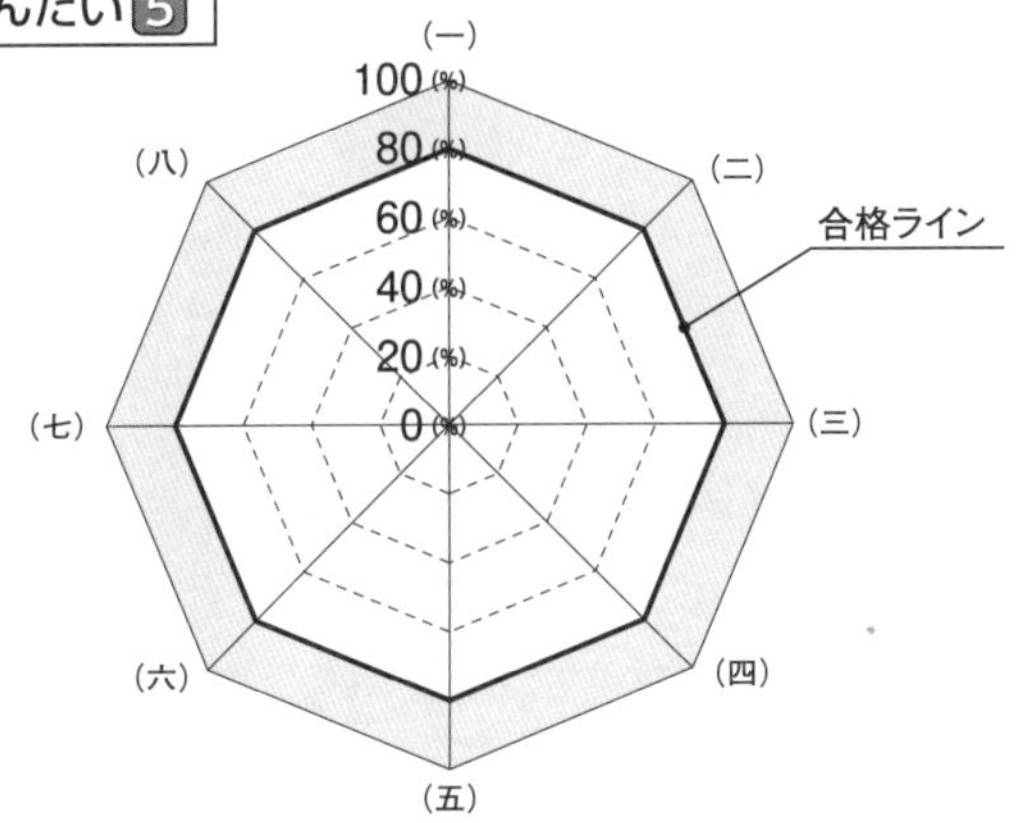

レーダーチャートの作り方

しけんもんだいを解《と》き終わったら標準解答《ひょうじゅんかいとう》（こたえ）で答え合わせをし、表に正答数を書き込《こ》みましょう。

正答率の計算のしかた

$$正答率（\%）= \frac{正答数}{問題数} \times 100$$

正答数と問題数から正答率を計算し、
レーダーチャートを作成してみましょう。
できあがったレーダーチャートを見て、
へこんだところがあったら、そこが苦手分野です。

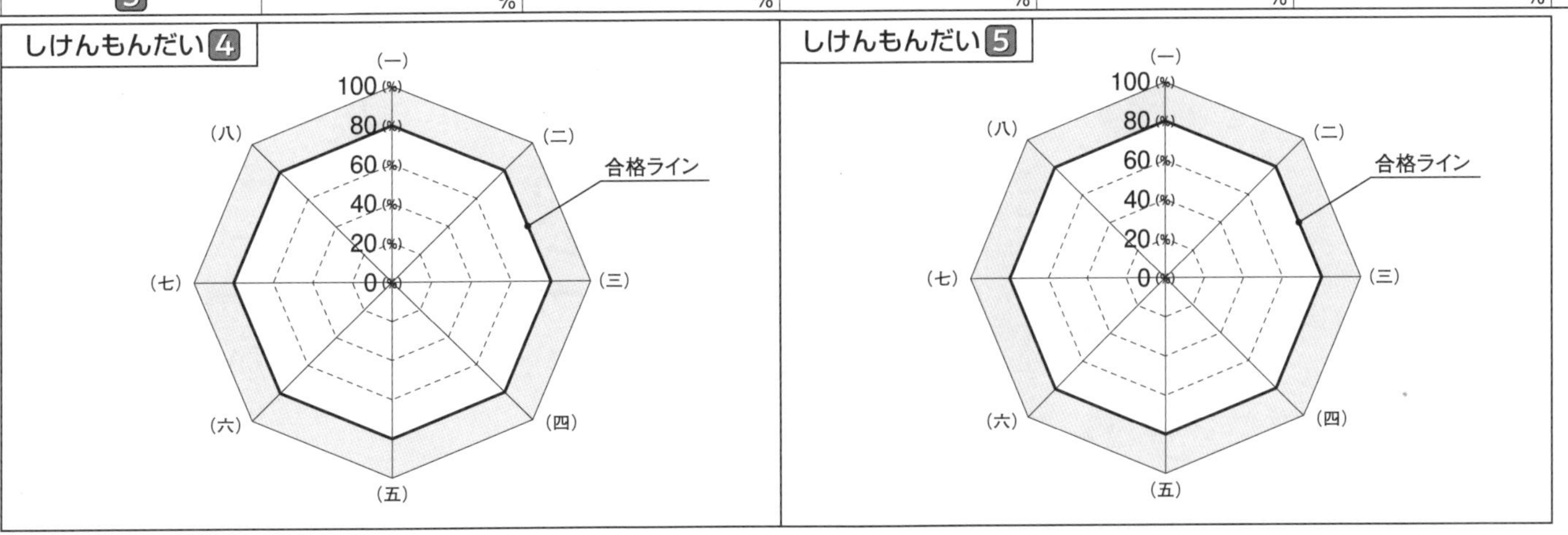

会場ばんごう

会 場 名

じゅけんばんごう

公開会場で受検《じゅけん》の場合は、「じゅけんばんごう」「なまえ・かんじ」「うまれた年月日」などは、はじめから印字《いんじ》されています。記入が必要《ひつよう》なところは「なまえ・ふりがな」のみです。

なまえ
かんじ
ふりがな

せいべつ
おとこ
「せいべつ」の記入は必要《ひつよう》ありません。
きれいにぬってください。

うまれた年月日
西暦《せいれき》　年　月　日

※なまえや うまれた年月日に
まちがいがあれば、
かかりの人にしらせてください。

※ご記入いただきました個人情報は、当協会の検定にかかわる業務にのみ使います。(ただし、検定にかかわる業務に際し、業務提携会社に委託する場合があります。)
ご記入いただきました個人情報にかかわるお問いあわせは (公財)日本漢字能力検定協会 https://www.kanken.or.jp/privacy/ までおねがいします。

8 級

漢検

2020年度 日本漢字能力検定 しけんもんだい 1

検定日 2020年6月19日

(公財)日本漢字能力検定協会

〔不許複製〕

こたえには、「常《じょう》用漢字表」にある漢字の字体、読みを使うこと。旧《きゅう》字体を使ってはいけない。

(気をつけること)

○時間は**40分**です。**あいず**があるまで、はじめてはいけません。

○こたえは**きめられたところ**に書きましょう。
(この用紙の中にある 1 2 3 …には、こたえを書いてはいけません。)

○こたえは**えんぴつ**で**はっきり、ていねい**に書きましょう。

○まちがったところは**けしゴム**できれいに**けして**から書きなおしましょう。

○この用紙は**おりまげ**てはいけません。

○しけんがおわったら、この用紙は**2まい**とも出してください。

○もんだいは**2まいめ**の**うらまで**あります。わすれずに**おわりまで**やりましょう。

(一) つぎの――線の漢字の読みがなを――線の右に書きなさい。

(30) 1×30

1 公園でさくらの写真をとった。

2 漢字の勉強に力を入れる。

3 暑さをさけて早朝に散《さん》歩をする。

4 クロールの息つぎの仕方を習う。

5 音楽隊《たい》が大通りを行進する。

6 山の上に美しいにじがかかった。

7 自分が作った詩を声に出して読む。

8 ランドセルを六年間大事に使う。

9 横書きのノートに日記をつける。

10 市役所は町のほぼ中央にある。

11 主人公がぼうけんの旅に出る。

12 たんぽぽは地中深く根をのばす。

13 海外に出かける父を見送る。

14 川の岸べでつくしを見つけた。

15 日本列島は南北につらなっている。

16 山田君の投げるボールは速い。

17 部屋のカーテンを取りかえる。

18 地面の水たまりをよけて歩く。

19 新しい洋服を買ってもらう。

20 登校のとちゅうで友だちに会った。

21 地下鉄のホームで電車を待つ。

22 兄とうでずもうをして負けた。

23 今夜は流れ星が見られそうだ。

24 プレゼントの箱にリボンをかける。

25 足取りも軽く、野道を歩く。

26 新学期の学級委員をえらぶ。

27 旅行の予定をカレンダーに書く。

28 先生に指名されて教科書を読む。

29 ポットの湯でお茶をいれる。

30 道を教えてくれた人にお礼を言う。

ここには書かないこと。

(二) つぎの漢字の太いところは、何番めに書きますか。○の中に数字を書きなさい。

(10) 1×10

1 県 ○

2 波 ○

3 寒 ○

4 緑 ○

5 息 ○

6 炭 ○

7 橋 ○

8 章 ○

9 勉 ○

10 所 ○

これから下は書かないこと。

枚　年度　回　日程　級

※ここには書かないこと。

(一)	1	2	3	4	5	6	7	8	9	10	11	12	13	14	15	16	17	18	19	20
	21	22	23	24	25	26	27	28	29	30										
(二)	1	2	3	4	5	6	7	8	9	10										

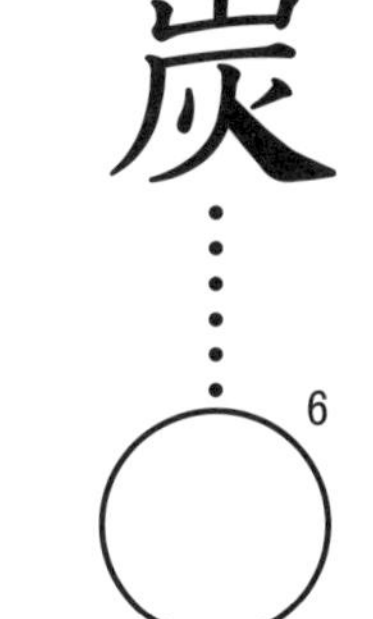

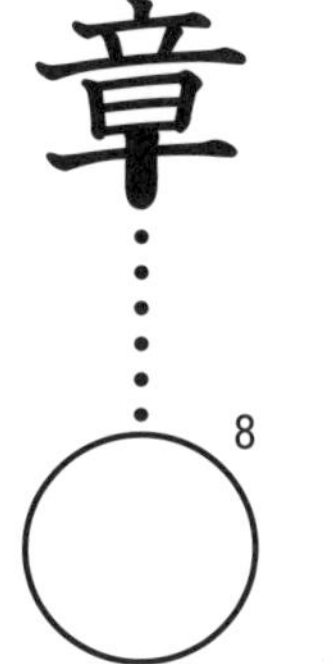

会場ばんごう

会場名

じゅけんばんごう

受検の際《さい》には、この部分はすべて、はじめから印字されています。ここには何も書かないでください。

※ここには書かないこと。

(三)	1	2	3	4	5					
(四)	1	2	3	4	5	6	7	8	9	10
(五)	1	2	3	4	5	6	7	8	9	10
(六)	1	2	3	4	5					

8級 1

うらもわすれずにやりましょう。

(三) （　）の中に**漢字**を書いて、上と**はんたいのいみのことば**にしなさい。 (10) 2×5

部分――1（ぜん）体

よい――2（わる）い

配る――3（あつ）める

来年――4（きょ）年

にげる――5（お）う

(四) **おなじなかまの漢字**を□の中に書きなさい。 (20) 2×10

いとへん（糸）…1□《れん》習・2□《しゅう》業式

こころ（心）…注3□《い》・4□《きゅう》用

しんにょう（辶）…5□《うん》転・6□《あそ》び場

さんずい（氵）…空7□《こう》・体8□《おん》計

うかんむり（宀）…9□《じっ》行・10□《まも》る

(五) つぎの（　）の中に**漢字**を書きなさい。 (20) 2×10

子犬がぶじに生まれて1（あん）心した。

2（あん）算でおつりの計算をする。

転入生に3（じゅう）所を教えてもらった。

生まれたときの体4（じゅう）を母に聞く。

合唱《しょう》コンクールで二5（きょく）歌った。

テレビ6（きょく）へ社会科見学に行く。

校内の美化について7（そう）談する。

童話を読んで感8（そう）文を書いた。

ねつが高いので9（びょう）院に行った。

音が一10（びょう）間に進むきょりを調べる。

(六) つぎの――線の**カタカナ**を○の中の**漢字**と**おくりがな(ひらがな)**で□の中に書きなさい。 (10) 2×5

〈れい〉 ㊇大 **オオキイ**花がさく。 大きい

1 ㊇苦 山道がけわしくて息が**クルシク**なった。

2 ㊇決 学級新聞の名前を**キメル**。

3 ㊇味 赤くじゅくしたいちごを**アジワウ**。

4 ㊇泳 ばた足で十メートル**オヨグ**。

5 ㊇放 広い草原に羊を**ハナス**。

―うらへつづく―

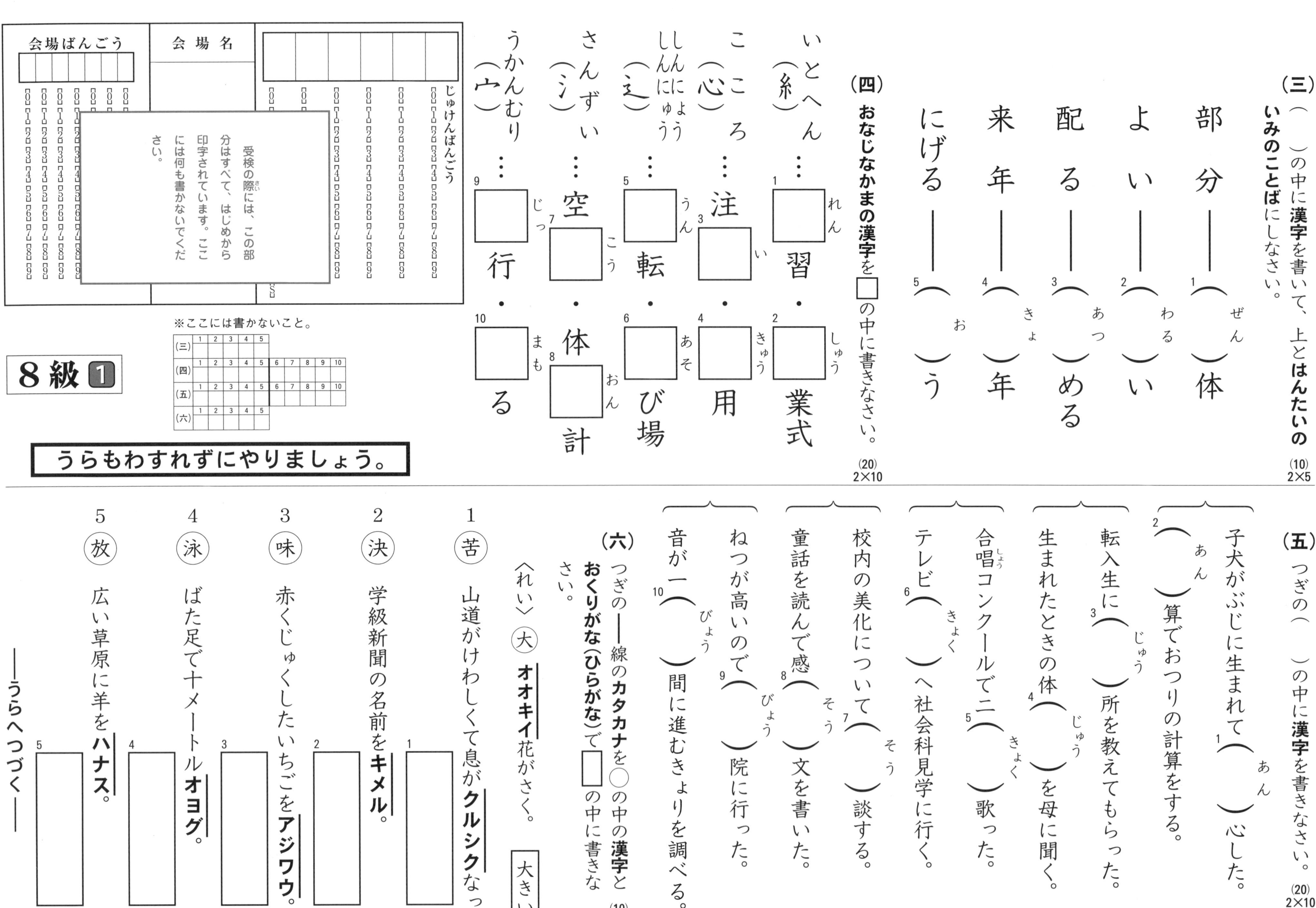

（七）つぎの――線の**漢字**の**読みがな**を――線の**右**に書きなさい。

(10) 1×10

[1]水平線にタ日がしずんでいく。
ねん土をこねて[2]平たくのばす。

算数の[3]問題を読んで式を考える。
友だちの[4]問いかけに答える。

一列にならんでバスに[5]乗車する。
牧《ぼく》場で小さな馬に[6]乗せてもらった。

[7]植物園で見た花について調べる。
[8]物語のあらすじをまとめる。

[9]農薬を使わずに米を作る。
食後にせき止めの[10]薬を飲む。

（八）つぎの□の中に**漢字**を書きなさい。

(40) 2×20

1 夏休みの自由研[1]□《きゅう》をみんなの前で発[2]□《ぴょう》する。

2 電車の車内放送で、[3]□《つぎ》にとまる[4]□《えき》の名前を知らせる。

3 父は地区の[5]□《まつ》りをまもる活[6]□《どう》に取り組んでいる。

4 日曜日に、[7]□《ゆう》名な野[8]□《きゅう》の選《せん》手がコーチをしてくれた。

5 時計回りと[9]□《はん》[10]□《たい》にグラウンドを走る。

6 図書[11]□《かん》で本を[12]□《かえ》した後、新着の本をかりた。

7 [13]□《むかし》の人が使った道具から当時のくらしの[14]□《よう》子を知る。

8 夕方、デパートの食[15]□《ひん》売り場が多くの[16]□《きゃく》でにぎわう。

9 一学期は、うさぎの[17]□《せ》話をする[18]□《かかり》になった。

10 姉は六時ごろには[19]□《お》きて、おべんとう作りを[20]□《はじ》める。

―おわり―

▼標準解答(こたえ)は27・28ページ

これから下は書かないこと。

枚 年度 回 日程 級

※ここには書かないこと。

(七)	1	2	3	4	5	6	7	8	9	10
(八)	1	2	3	4						
	5	6	7	8	9	10	11	12	13	14
	15	16	17	18	19	20				

8級

漢検

2020年度 日本漢字能力検定 しけんもんだい 2

検定日 2020年10月31日

(公財)日本漢字能力検定協会

【不許複製】

こたえには、「常用《じょう》漢字表」にある漢字の字体、読みを使うこと。旧《きゅう》字体を使ってはいけない。

会場ばんごう	会場名	じゅけんばんごう	なまえ かんじ	なまえ ふりがな	せいべつ	うまれた年月日
					おとこ	西暦《せいれき》　年　月　日

公開会場で受検《じゅけん》の場合は、「じゅけんばんごう」「なまえ・かんじ」「うまれた年月日」などは、はじめから印字《いんじ》されています。記入が必要《ひつよう》なところは「なまえ・ふりがな」のみです。

「せいべつ」の記入は必要《ひつよう》ありません。

きれいにぬってください。

※なまえや うまれた年月日に まちがいがあれば、かかりの人にしらせてください。

※ご記入いただきました個人情報は、当協会の検定にかかわる業務にのみ使います。(ただし、検定にかかわる業務に際し、業務提携会社に委託する場合があります。)
ご記入いただきました個人情報にかかわるお問いあわせは (公財)日本漢字能力検定協会 https://www.kanken.or.jp/privacy/ までおねがいします。

(気をつけること)

○時間は40分です。**あいず**があるまで、はじめてはいけません。

○こたえは**きめられたところ**に書きましょう。
(この用紙の中にある 1 2 3 …には、こたえを書いてはいけません。)

○こたえは**えんぴつ**で**はっきり**、**ていねい**に書きましょう。

○まちがったところは**けしゴム**できれいに**けして**から書きなおしましょう。

○この用紙は**おりまげ**てはいけません。

○しけんがおわったら、この用紙は**2まい**とも出してください。

○もんだいは**2まいめ**の**うらまで**あります。わすれずに**おわりまで**やりましょう。

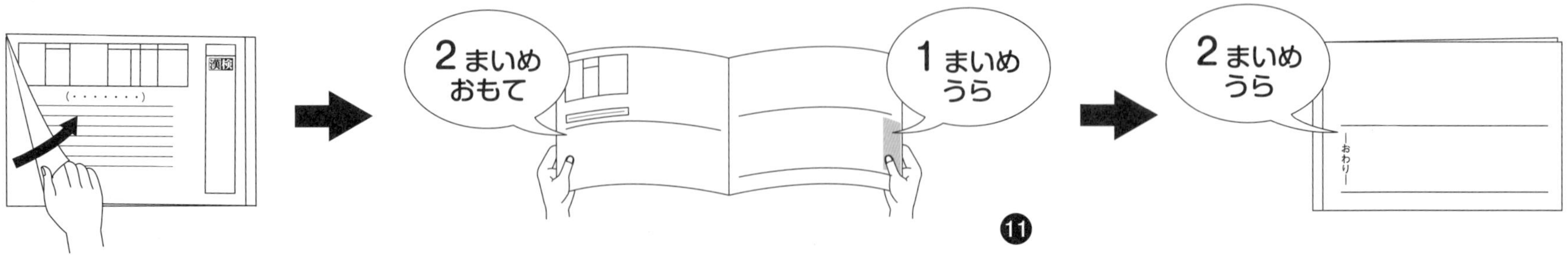

(一) つぎの——線の**漢字**の**読みがな**を——線の**右**に書きなさい。

(30) 1×30

1 西の空を赤くそめて太陽がしずむ。

2 今年はかきがたくさん実った。

3 新学期に席《せき》がえがあった。

4 本の目次を見て内ようをたしかめる。

5 先月から体そう教室に通い始めた。

6 いちごの味が口いっぱいに広がる。

7 駅前の花だんにコスモスがさく。

8 急に寒くなって体調をくずした。

9 坂道を上ると小さい神社があった。

10 姉は上手にりんごの皮をむく。

11 リレーで次の走者にバトンをわたす。

12 みそしるに豆ふを一丁入れる。

13 かりていた本を友だちに返す。

14 プランターでパンジーを育てる。

15 スポーツを通じて他校と交流する。

16 ノートの表紙に名前を書く。

17 たぬきが茶がまに化ける昔話を読む。

18 昼休みが終わって教室にもどる。

19 電車が長い鉄橋をわたっていく。

20 おじの家は米を作る農家だ。

21 お宮の秋祭りに出店がならぶ。

22 ピアニストとして世界で活やくする。

23 ベッドでしばらく横になって休む。

24 朝早く起きてラジオ体そうをする。

25 待ち合わせの場所に早く着いた。

26 クロールで二十五メートル泳ぐ。

27 げきの長いせりふを暗記する。

28 決められた曜日にごみを出す。

29 バスはカーブで速度を落とした。

30 自分の書いた文章を読み直す。

ここには書かないこと。

(二) つぎの**漢字**の**太いところ**は、**何番め**に書きますか。◯の中に**数字**を書きなさい。

(10) 1×10

1 勝　2 漢　3 追　4 委　5 病

6 練　7 短　8 起　9 助　10 祭

これから下は書かないこと。

枚　年度　回　日程　級

※ここには書かないこと。

(一)	1	2	3	4	5	6	7	8	9	10	11	12	13	14	15	16	17	18	19	20
	21	22	23	24	25	26	27	28	29	30										
(二)	1	2	3	4	5	6	7	8	9	10										

(三)

（　）の中に**漢字**を書いて、上と**はんたいのいみのことば**にしなさい。 (10) 2×5

心配――1（あん）心

教える――2（なら）う

うれしい――3（かな）しい

のばす――4（ま）げる

さんせい――反5（たい）

(四)

おなじなかまの漢字を□の中に書きなさい。 (20) 2×10

くさかんむり（艹）…目1□《ぐすり》・2□《にが》い

こころ（心）…感3□《そう》・4□《あく》人

しょくへん（飠）…5□《の》む・図書6□《かん》

はつがしら（癶）…出7□《ぱつ》・山8□《のぼ》り

きへん（木）…黒9□《ばん》・電10□《ちゅう》

会場ばんごう

会場名

じゅけんばんごう

受検の際《さい》には、この部分はすべて、はじめから印字されています。ここには何も書かないでください。

※ここには書かないこと。

(三)	1	2	3	4	5					
(四)	1	2	3	4	5	6	7	8	9	10
(五)	1	2	3	4	5	6	7	8	9	10
(六)	1	2	3	4	5					

8級 2

うらもわすれずにやりましょう。

(五)

つぎの（　）の中に**漢字**を書きなさい。 (20) 2×10

クラス全1（いん）で大なわとびをした。

入2（いん）した友だちに手紙を書く。

だれもが幸3（ふく）になりたいとねがう。

洋4（ふく）のボタンが取れそうだ。

うちゅうから地5（きゅう）を見てみたい。

自由研6（きゅう）でコアラについて調べた。

グラウンドの7（し）用きそくを守る。

交通じこによる8（し）者の数がへった。

夕食の前に宿9（だい）をすませる。

母の小学校時10（だい）の話を聞いた。

(六)

つぎの――線の**カタカナ**を○の中の**漢字**と**おくりがな（ひらがな）**で□の中に書きなさい。 (10) 2×5

〈れい〉 大 **オオキイ**花がさく。 大きい

1 拾 道に落ちていたハンカチを**ヒロウ**。 1□

2 温 **アタタカイ**うどんを注文する。 2□

3 集 くぬぎの木にかぶと虫が**アツマル**。 3□

4 美 青くすんだ湖が**ウツクシイ**。 4□

5 植 さくら草のなえを**ウエル**。 5□

―うらへつづく―

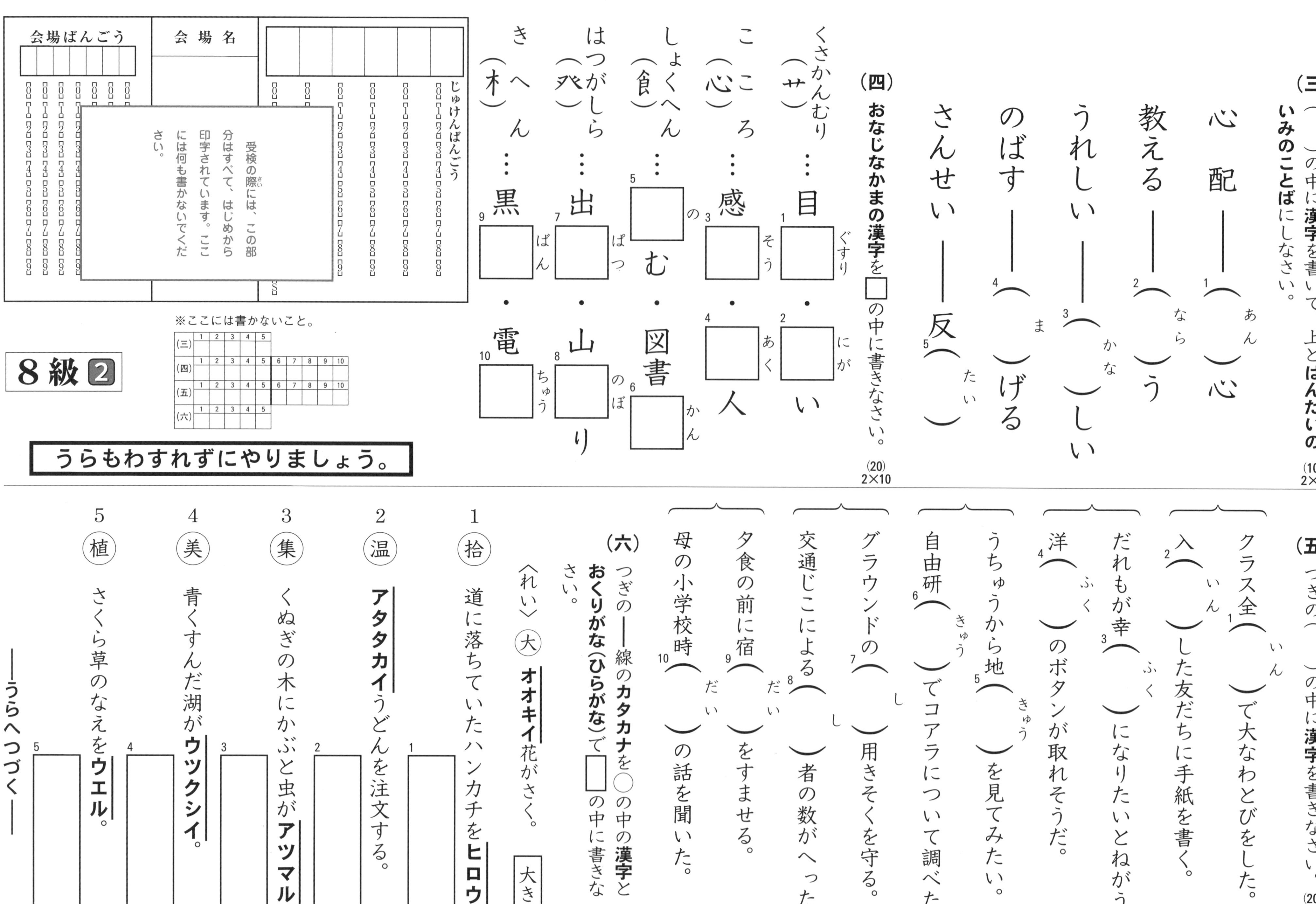

（七） つぎの――線の**漢字**の**読みがな**を――線の**右**に書きなさい。 (10) 1×10

新しいスーパーが明日[1]開店する。

海べの町で花火大会が[2]開かれた。

指先にとげがささって少し[3]出血した。

きず口に当てたガーゼに[4]血がにじむ。

トラックで荷物を[5]運送する。

たんぽぽのたねが風に[6]運ばれる。

細かい作業に[7]根気よく取り組む。

山道で木の[8]根につまずいた。

とび箱の[9]着地が上手にできた。

寒いので長そでのシャツを[10]着た。

（八） つぎの□の中に**漢字**を書きなさい。 (40) 2×20

1 弟がビー玉を 1□《ころ》 がして 2□《あそ》 んでいる。

2 山小 3□《や》 のまどから星空を見て、とても感 4□《どう》 した。

3 町の昔の 5□《しゃ》 6□《しん》 を見ながら当時のくらしについて考えた。

4 新かん線に 7□《の》 って、東京に 8□《む》 かう。

5 休日に家 9□《ぞく》 そろって、10□《にわ》 でバーベキューをした。

6 11□《しん》 長と体 12□《じゅう》 をはかって記ろくする。

7 学級文 13□《こ》 のかし出しについてみんなで 14□《い》 見を出し合う。

8 一週間の 15□《よ》 定で九 16□《しゅう》 を旅行する。

9 農家の人が朝早くから、畑で 17□《し》 18□《ごと》 をしている。

10 物語を読んで、19□《しゅ》 人公と同じ気 20□《も》 ちになった。

―おわり―

▼標準解答(こたえ)は29・30ページ

これから下は書かないこと。

枚　年度　回　日程　級

※ここには書かないこと。

(七)	1	2	3	4	5	6	7	8	9	10										
(八)	1	2	3	4																
	5	6	7	8	9	10	11	12	13	14	15	16	17	18	19	20				

8級

漢検

2021年度 日本漢字能力検定 しけんもんだい 3

検定日 2021年6月11日

(公財)日本漢字能力検定協会

〔不許複製〕

こたえには、「常《じょう》用漢字表」にある漢字の字体、読みを使うこと。旧《きゅう》字体を使ってはいけない。

会場ばんごう	会場名	じゅけんばんごう	なまえ かんじ	なまえ ふりがな	せいべつ	うまれた年月日
					おとこ □	西暦《せいれき》 年 月 日

公開会場で受検《じゅけん》の場合は、「じゅけんばんごう」「なまえ・かんじ」「うまれた年月日」などは、はじめから印字《いんじ》されています。記入が必要《ひつよう》なところは「なまえ・ふりがな」のみです。

「せいべつ」の記入は必要《ひつよう》ありません。

きれいにぬってください。

※なまえや うまれた年月日に まちがいがあれば、かかりの人にしらせてください。

※ご記入いただきました個人情報は、当協会の検定にかかわる業務にのみ使います。(ただし、検定にかかわる業務に際し、業務提携会社に委託する場合があります。)
ご記入いただきました個人情報にかかわるお問いあわせは (公財)日本漢字能力検定協会 https://www.kanken.or.jp/privacy/ までおねがいします。

(気をつけること)

○時間は**40分**です。**あいず**があるまで、はじめてはいけません。

○こたえは**きめられたところ**に書きましょう。
(この用紙の中にある 1 2 3 …には、こたえを書いてはいけません。)

○こたえは**えんぴつ**で**はっきり**、**ていねい**に書きましょう。

○まちがったところは**けしゴム**できれいに**けして**から書きなおしましょう。

○この用紙は**おりまげ**てはいけません。

○しけんがおわったら、この用紙は**2まい**とも出してください。

○もんだいは**2まいめ**の**うらまで**あります。わすれずに**おわりまで**やりましょう。

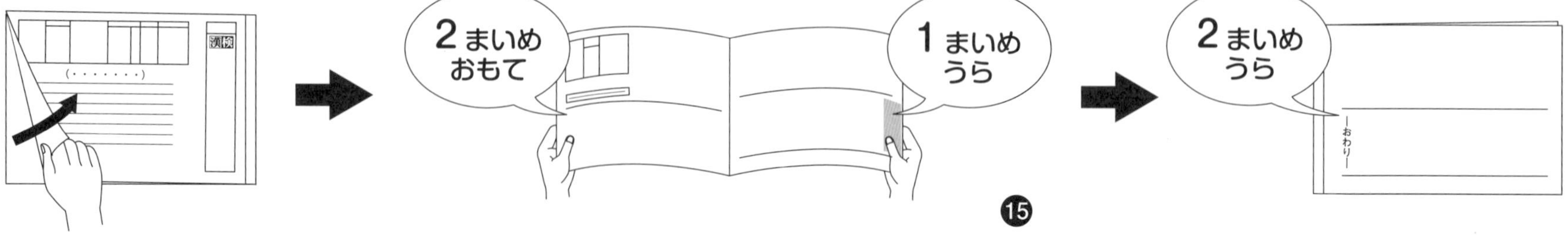

（一）つぎの——線の**漢字の読みがな**を——線の**右**に書きなさい。

(30) 1×30

1 あじさいの花が雨にぬれて美しい。

2 畑で育てているトマトが色づく。

3 バスに乗車する人の列ができる。

4 夕食の前に宿題をやり終える。

5 妹の病気がなおって安心した。

6 学校で習った曲をたて笛でふく。

7 二けたの数のたし算を暗算でする。

8 子犬が鼻を鳴らしてあまえる。

9 クロールの息つぎを練習する。

10 あらった皿をていねいにふく。

11 薬がきいて、ねつが下がってきた。

12 ゆうびん局へ切手を買いに行く。

13 おばの引っこし先の住所を聞く。

14 詩を読んで感想を話し合う。

15 今年はうめの実がたくさんなった。

16 選《せん》手が整列して開会式が始まる。

17 風の力を利《り》用して電気を起こす。

18 湖のほとりでキャンプをする。

19 カレンダーに来月の予定を書く。

20 駅の近くのコンビニに行った。

21 ねる前にしっかり歯をみがく。

22 筆箱に新しいえん筆を入れた。

23 じしゃくは鉄を引きつける。

24 グリム童話の本を三さつ読んだ。

25 ひこうきが空港をとび立った。

26 つくえの横に本だなをおく。

27 友だちの投げたボールを受ける。

28 金と銀の色紙でメダルを作った。

29 姉の指さす方向に天の川が見えた。

30 命の大切さについて考える。

ここには書かないこと。

（二）つぎの**漢字**の**太いところ**は、**何番め**に書きますか。○の中に**数字**を書きなさい。

(10) 1×10

漢 1

期 2

福 3

農 4

談 5

県 6

旅 7

悲 8

死 9

第 10

これから下は書かないこと。

枚 年度 回程日 級

※ここには書かないこと。

(一)	1	2	3	4	5	6	7	8	9	10	11	12	13	14	15	16	17	18	19	20
	21	22	23	24	25	26	27	28	29	30										
(二)	1	2	3	4	5	6	7	8	9	10										

会場ばんごう	会場名	じゅけんばんごう

受検の際《さい》には、この部分はすべて、はじめから印字されています。ここには何も書かないでください。

8級 3

※ここには書かないこと。

(三)	1	2	3	4	5					
(四)	1	2	3	4	5	6	7	8	9	10
(五)	1	2	3	4	5	6	7	8	9	10
(六)	1	2	3	4	5					

うらもわすれずにやりましょう。

(三) （　）の中に**漢字**を書いて、上と**はんたいのいみのことば**にしなさい。 (10) 2×5

勝つ——1（　）《ま》ける

軽い——2（　）《おも》い

部分——3（　）《ぜん》体

拾う——4（　）《お》とす

かた方——5（　）《りょう》方

(四) **おなじなかまの漢字**を□の中に書きなさい。 (20) 2×10

ぎょうにんべん（彳）…1□《ま》つ・主2□《やく》

ちから（力）…3□《べん》強・4□《たす》かる

まだれ（广）…中5□《にわ》・金6□《こ》

はつがしら（癶）…7□《とう》校・8□《はつ》明

きへん（木）…電9□《ちゅう》・大10□《こん》

(五) つぎの（　）の中に**漢字**を書きなさい。 (20) 2×10

1（　）《ゆう》名な画家の絵をかべにかざる。

日曜日に家族で2（　）《ゆう》園地に行った。

はしご車が出て3（　）《しょう》火にあたる。

自分の考えを文4（　）《しょう》にまとめた。

読書ノートに書名と作5（　）《しゃ》名を書く。

花だんのひまわりを6（　）《しゃ》生する。

図書7（　）《い》員が本のかし出しをする。

車に注8（　）《い》して道路をわたる。

プロ野9（　）《きゅう》の試《し》合をテレビで見た。

母は10（　）《きゅう》用ができて出かけた。

(六) つぎの——線の**カタカナ**を○の中の**漢字**と**おくりがな（ひらがな）**で□の中に書きなさい。 (10) 2×5

〈れい〉 (大) **オオキイ**花がさく。　大きい

1 (温) 茶わんに**アタタカイ**ごはんをもる。

2 (転) ボールが坂道を**コロガル**。

3 (化) きつねが花よめに**バケル**話を読む。

4 (返) 友だちにかりた本を**カエス**。

5 (等) 二つの円の大きさは**ヒトシイ**。

—うらへつづく—

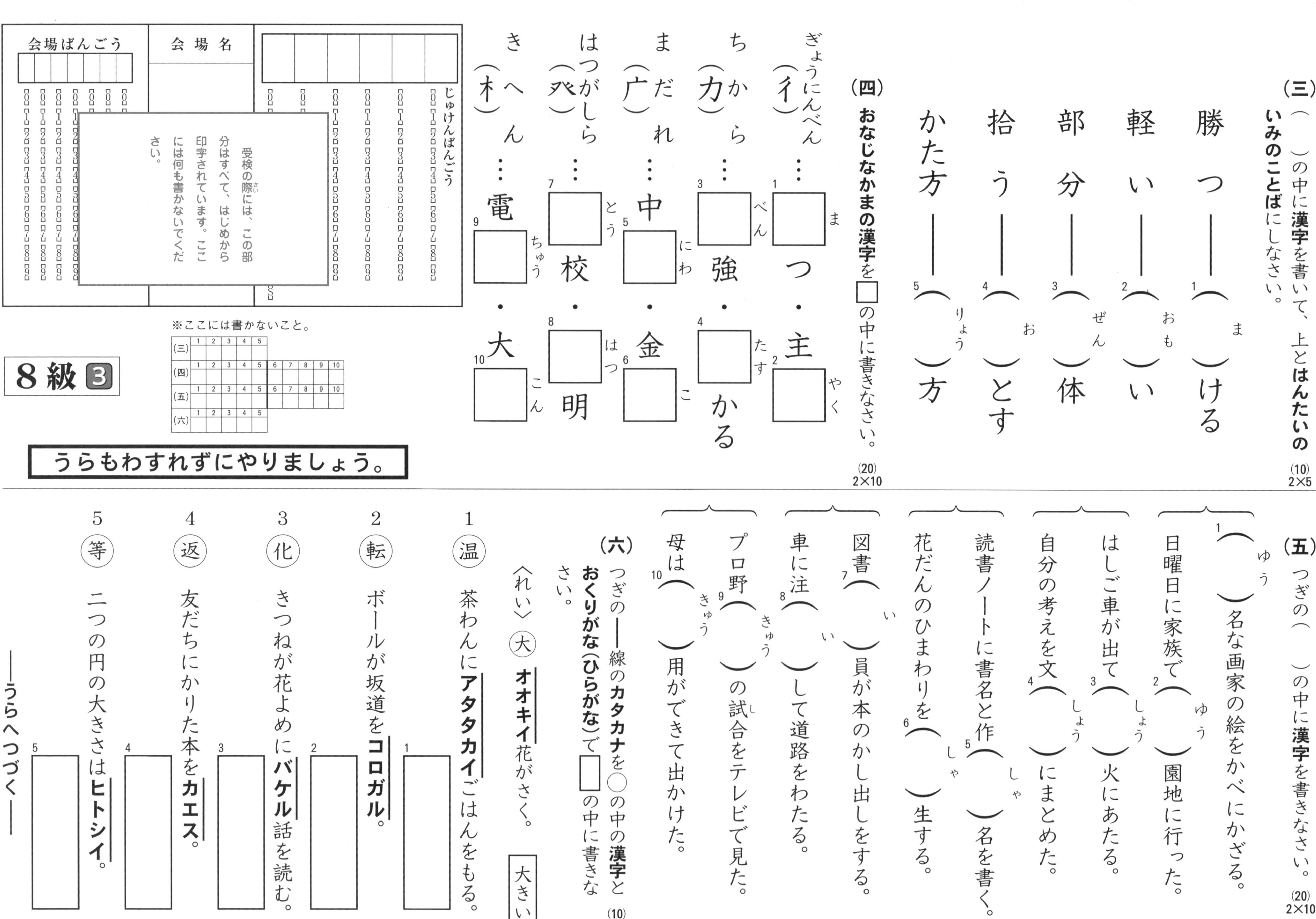

(七) つぎの――線の漢字の読みがなを――線の右に書きなさい。

(10) 1×10

(1)石油をつんだタンカーが港に入る。
部屋のかべに(2)油絵をかける。

店員が(3)商品をたなにならべる。
父はトランプの(4)手品がとくいだ。

弟は遠足の日の天気を(5)心配している。
社会科見学のしおりを(6)配る。

(7)悪人が去って村は平和になった。
きりが深くて見通しが(8)悪い。

(9)歩道橋をわたって学校に行く。
島と島をむすぶ(10)橋ができた。

(八) つぎの□の中に漢字を書きなさい。

(40) 2×20

1 木の(1)□《は》の(2)□《みどり》がだんだんこくなってきた。

2 水族(3)□《かん》の大きな水そうでいわしのむれが(4)□《およ》ぐ。

3 雨の日がつづいて(5)□《うん》(6)□《どう》場に水たまりができた。

4 暑い日にはジュースに(7)□《こおり》を入れて(8)□《の》みたくなる。

5 社会科で(9)□《むかし》の道(10)□《ぐ》について学習した。

6 自由(11)□《けん》(12)□《きゅう》で雲のでき方を調べた。

7 太(13)□《よう》のねつで地(14)□《めん》が少しずつあたためられる。

8 主人公の気(15)□《も》ちを考えながら(16)□《もの》語を読んだ。

9 白地図に(17)□《じん》社の記(18)□《ごう》を書き入れる。

10 ボランティアの人たちが海(19)□《がん》に(20)□《なが》れ着いたごみを拾う。

―おわり―

▼標準解答(こたえ)は31・32ページ

これから下は書かないこと。

枚　年度　回程　日　級

※ここには書かないこと。

(七)	1	2	3	4	5	6	7	8	9	10
(八)	1	2	3	4						
	5	6	7	8	9	10	11	12	13	14
	15	16	17	18	19	20				

8級

漢検

2021年度

日本漢字能力検定 しけんもんだい 4

検定日 2021年6月26日

(公財)日本漢字能力検定協会

〔不許複製〕

こたえには、「常用《じょう》漢字表」にある漢字の字体、読みを使うこと。旧《きゅう》字体を使ってはいけない。

会場ばんごう	会場名	じゅけんばんごう	なまえ かんじ	なまえ ふりがな	せいべつ	うまれた年月日
					おとこ	西暦《せいれき》 年 月 日

公開会場で受検《じゅけん》の場合は、「じゅけんばんごう」「なまえ・かんじ」「うまれた年月日」などは、はじめから印字《いんじ》されています。記入が必要《ひつよう》なところは「なまえ・ふりがな」のみです。

「せいべつ」の記入は必要《ひつよう》ありません。

きれいにぬってください。

※なまえや うまれた年月日に まちがいがあれば、かかりの人にしらせてください。

※ご記入いただきました個人情報は、当協会の検定にかかわる業務にのみ使います。(ただし、検定にかかわる業務に際し、業務提携会社に委託する場合があります。)
ご記入いただきました個人情報にかかわるお問いあわせは (公財)日本漢字能力検定協会 https://www.kanken.or.jp/privacy/ までおねがいします。

(気をつけること)

○時間は**40分**です。**あいず**があるまで、はじめてはいけません。

○こたえは**きめられたところ**に書きましょう。
(この用紙の中にある 1 2 3 …には、こたえを書いてはいけません。)

○こたえは**えんぴつ**で**はっきり**、**ていねい**に書きましょう。

○まちがったところは**けしゴム**できれいに**けして**から書きなおしましょう。

○この用紙は**おりまげ**てはいけません。

○しけんがおわったら、この用紙は**2まい**とも出してください。

○もんだいは**2まいめ**の**うらまで**あります。わすれずに**おわりまで**やりましょう。

(一) つぎの——線の**漢字**の**読みがな**を——線の**右**に書きなさい。

(30) 1×30

1 あたり一面に白い花がさいていた。

2 屋根の上ですずめが鳴いている。

3 次の日曜日にたこあげ大会がある。

4 王様が馬に乗ってあらわれる。

5 白地図に市役所の記号を書く。

6 見学した工場にお礼の手紙を出す。

7 ぼくはこわい話を聞いても平気だ。

8 歯医者さんに虫歯をみてもらう。

9 神社で一年の幸せをいのる。

10 明日の遠足の用意をする。

11 姉は上手にりんごの皮をむく。

12 二色の絵の具をまぜ合わせる。

13 クラス全員でドッジボールをした。

14 鉄やアルミニウムは電気を通す。

15 公園でコンサートが開かれた。

16 植物を研究する科学者になりたい。

17 父の指さす方向にふじ山が見えた。

18 昼休みにさか上がりの練習をする。

19 図書館で童話の本をかりる。

20 大通りの両がわにビルが立ちならぶ。

21 拾ったさいふを交番にとどける。

22 広大な畑で小麦を育てている。

23 百を十倍すると千になる。

24 雨がやむのを待って出かける。

25 医者を目指して学問にはげむ。

26 外国の大きな船が港を出ていく。

27 組み立てを考えて文章を書く。

28 祭りで妹と金魚すくいをした。

29 正方形は四つの辺《へん》の長さが等しい。

30 入り口のドアを軽くノックする。

ここには書かないこと。

(二) つぎの**漢字**の**太いところ**は、**何番め**に書きますか。◯の中に**数字**を書きなさい。

(10) 1×10

1 岸 ◯

2 病 ◯

3 泳 ◯

4 問 ◯

5 勝 ◯

6 局 ◯

7 動 ◯

8 速 ◯

9 鼻 ◯

10 配 ◯

これから下は書かないこと。

枚 年度 回 日程 級

※ここには書かないこと。

	1	2	3	4	5	6	7	8	9	10	11	12	13	14	15	16	17	18	19	20
(一)																				
	21	22	23	24	25	26	27	28	29	30										
(二)	1	2	3	4	5	6	7	8	9	10										

会場ばんごう

会場名

じゅけんばんごう

受検の際《さい》には、この部分はすべて、はじめから印字されています。ここには何も書かないでください。

※ここには書かないこと。

	1	2	3	4	5	6	7	8	9	10
(三)										
(四)										
(五)										
(六)										

8級 4

うらもわすれずにやりましょう。

(三) （　）の中に**漢字**を書いて、上と**はんたいのいみのことば**にしなさい。

(10) 2×5

高い——1（　）《やす》い

直線——2（　）《きょく》線

うれしい——3（　）《かな》しい

自分——4（　）《あい》手

ねる——5（　）《お》きる

(四) **おなじなかまの漢字**を□の中に書きなさい。

(20) 2×10

はつがしら（癶）…出1□《ぱつ》・山2□《のぼ》り

にんべん（亻）…3□《じゅう》所・新聞・4□《がかり》

こころ（心）…感5□《そう》・6□《きゅう》流

ぼくづくり のぶん（攵）…7□《ほう》送・8□《ととの》える

しんにょう しんにゅう（辶）…9□《へん》事・10□《うん》転手

(五) つぎの（　）の中に**漢字**を書きなさい。

(20) 2×10

ペンギンが水中を自1（　）《ゆう》に泳ぎ回る。
2（　）《ゆう》名な画家のてんらん会に行く。

宿3（　）《だい》で教科書の詩を音読した。
父は学生時4（　）《だい》の友人と出かけた。

電話をかけてピザを5（　）《ちゅう》文する。
道に電6（　）《ちゅう》のかげがのびている。

まどから太7（　）《よう》の光がさしこむ。
冬物の8（　）《よう》服をたんすにしまう。

ねている子犬の写9（　）《しん》をとる。
兄の10（　）《しん》長は百六十センチをこえた。

(六) つぎの——線の**カタカナ**を○の中の**漢字**と**おくりがな（ひらがな）**で□の中に書きなさい。

(10) 2×5

〈れい〉(大) **オオキイ**花がさく。　大きい

1 (動) 力を合わせて家具を**ウゴカス**。　1□

2 (美) 森のおくに**ウツクシイ**湖があった。　2□

3 (消) 空にかかったにじが**キエル**。　3□

4 (重) **オモイ**荷物を持ち上げる。　4□

5 (投) ボールを遠くへ**ナゲル**。　5□

—うらへつづく—

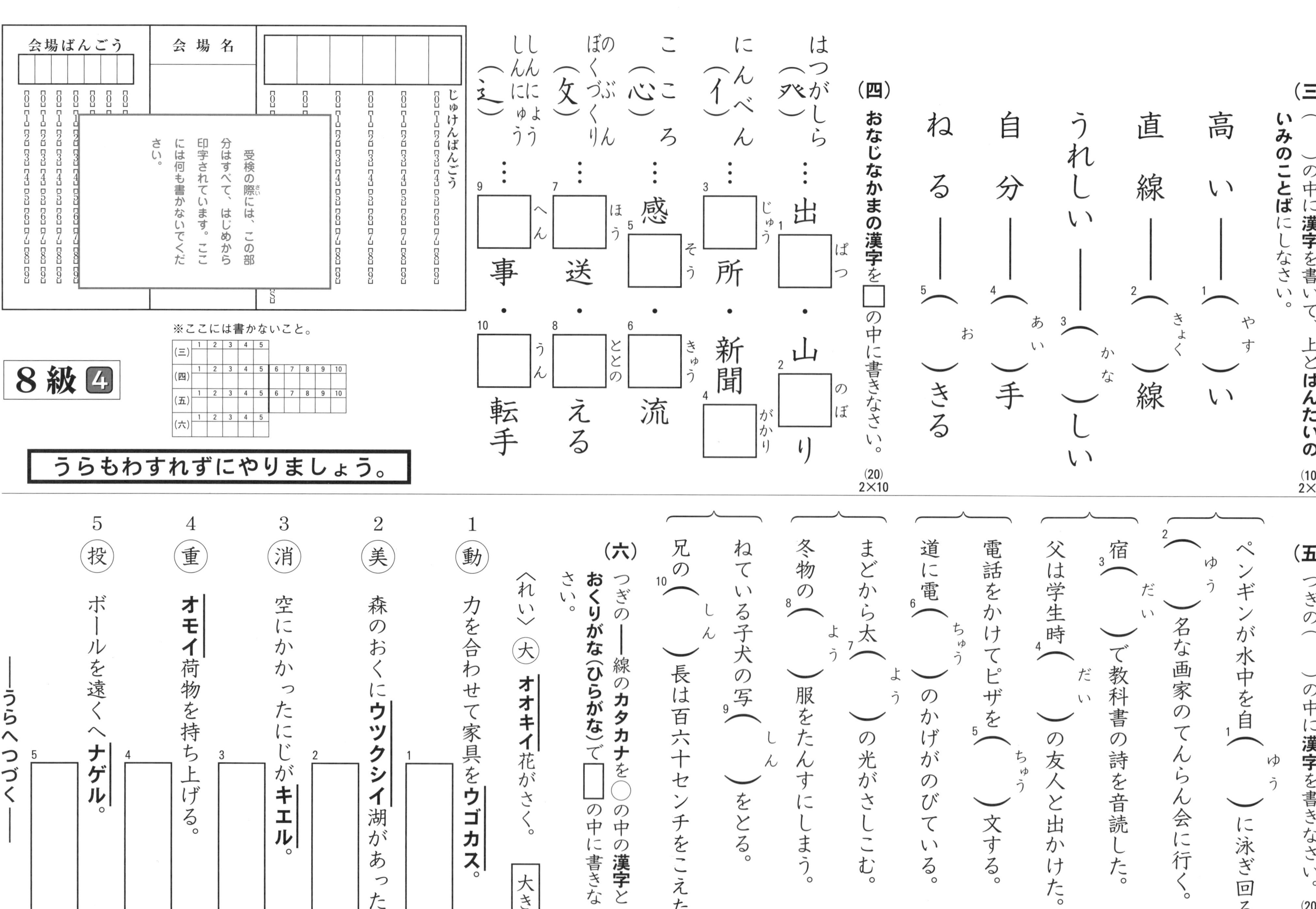

(七) つぎの──線の**漢字**の**読みがな**を──線の**右**に書きなさい。

(10) 1×10

そそっかしいのがぼくの 1 短所 だ。
物語の内ようを 2 短 くまとめる。

先生がみんなの意見を 3 黒板 に書く。
うすい木の 4 板 をのこぎりで切った。

おつりの計算を 5 暗算 でする。
6 暗 い夜道を月が明るくてらす。

自分で立てた計画を 7 実行 する。
赤い木の 8 実 を小鳥がついばむ。

百メートル走で 9 一着 になった。
ゆかたを 10 着 て花火大会に行く。

(八) つぎの□の中に**漢字**を書きなさい。

(40) 2×20

1 近所の文ぼう具店で、新しい 1□《ふで》2□《ばこ》を買った。

2 つくえの上をかたづけてから 3□《べん》強を 4□《はじ》める。

3 グラウンドに 5□《あつ》まって 野 6□《きゅう》の練習をする。

4 夕方、デパートの食 7□《ひん》売り場が 多くの 8□《きゃく》でにぎわっていた。

5 しりとりは、「ん」で 9□《お》わる 言 10□《ば》を言うと負けになる。

6 11□《りょ》行の帰りに 12□《えき》の売店で おみやげをえらぶ。

7 昼すぎから気 13□《おん》が上がって むし 14□《あつ》くなってきた。

8 家 15□《ぞく》で話し合ってゲームを する時間を 16□《き》める。

9 交通ルールを 17□《まも》り、車に 気をつけて道 18□《ろ》をわたる。

10 19□《ゆう》園地で、かんらん車に乗る 人の長い 20□《れつ》ができていた。

─おわり─

▼標準解答(こたえ)は33・34ページ

これから下は書かないこと。

枚 年度 回 日程 級

※ここには書かないこと。

(七)	1	2	3	4	5	6	7	8	9	10										
(八)	1	2	3	4																
	5	6	7	8	9	10	11	12	13	14	15	16	17	18	19	20				

8級

漢検

2021年度
日本漢字能力検定 しけんもんだい 5

検定日 2021年7月2日

（公財）日本漢字能力検定協会

〔不許複製〕

こたえには、「常用《じょうよう》漢字表」にある漢字の字体、読みを使うこと。旧《きゅう》字体を使ってはいけない。

会場ばんごう	会場名	じゅけんばんごう	なまえ かんじ	なまえ ふりがな	せいべつ	うまれた年月日
					おとこ	西暦《せいれき》　年　月　日

公開会場で受検《じゅけん》の場合は、「じゅけんばんごう」「なまえ・かんじ」「うまれた年月日」などは、はじめから印字《いんじ》されています。記入が必要《ひつよう》なところは「なまえ・ふりがな」のみです。

「せいべつ」の記入は必要《ひつよう》ありません。

きれいにぬってください。

※なまえや うまれた年月日に まちがいがあれば、かかりの人にしらせてください。

※ご記入いただきました個人情報は、当協会の検定にかかわる業務にのみ使います。（ただし、検定にかかわる業務に際し、業務提携会社に委託する場合があります。）
ご記入いただきました個人情報にかかわるお問いあわせは （公財）日本漢字能力検定協会 https://www.kanken.or.jp/privacy/ までおねがいします。

（気をつけること）

○時間は**40分**です。**あいず**があるまで、はじめてはいけません。

○こたえは**きめられたところ**に書きましょう。
（この用紙の中にある 1 2 3 …には、こたえを書いてはいけません。）

○こたえは**えんぴつ**で**はっきり**、**ていねい**に書きましょう。

○まちがったところは**けしゴム**できれいに**けして**から書きなおしましょう。

○この用紙は**おりまげ**てはいけません。

○しけんがおわったら、この用紙は**2まい**とも出してください。

○もんだいは**2まいめ**の**うらまで**あります。わすれずに**おわりまで**やりましょう。

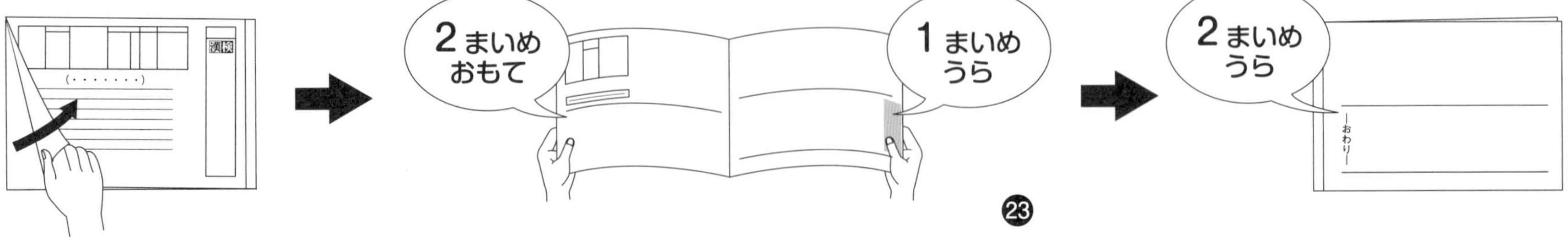

(一) つぎの――線の**漢字**の**読みがな**を――線の**右**に書きなさい。

(30) 1×30

1 毎朝、公園の横を通って登校する。

2 地区の夏祭りに出店がならんだ。

3 農家の人が畑で作業をしている。

4 犬をつれて川の岸べを散《さん》歩した。

5 黒板に書かれた詩を音読する。

6 水族館でめずらしいくらげを見た。

7 ゴールを目指してけんめいに走る。

8 船が向きをかえて港に入ってきた。

9 お化けの話をすると弟がこわがる。

10 わすれ物を取りに急いで家に帰った。

11 二人の学級委員を投票《ひょう》でえらぶ。

12 しかの親子が池の水を飲んでいた。

13 コンパスを使って円をかく。

14 反対がわのホームに電車が来た。

15 車に注意しながら道路をわたる。

16 話し合いは短い時間で終わった。

17 都会には多くの人が住んでいる。

18 ランドセルの中を整理する。

19 足をふんばって全力でつなを引く。

20 馬はとぶような速さで草原をかけた。

21 すばらしい歌声に心を打たれた。

22 プールのそこにしずんだ小石を拾う。

23 自分とちがう考えも受け入れる。

24 昼には体の調子がよくなった。

25 家の金庫に大事な物をしまう。

26 たきたてのごはんから湯気が立つ。

27 クラスで話し合って係を決めた。

28 五十メートルを十秒で走った。

29 文ぼう具店で新しい筆箱を買った。

30 はだしになって波うちぎわを歩く。

ここには書かないこと。

(二) つぎの**漢字**の**太いところ**は、**何番め**に書きますか。◯の中に**数字**を書きなさい。

(10) 1×10

1 悲

2 式

3 笛

4 助

5 寒

6 研

7 着

8 次

9 路

10 遊

これから下は書かないこと。

枚　年度　回程　日　級

※ここには書かないこと。

(一)	1	2	3	4	5	6	7	8	9	10	11	12	13	14	15	16	17	18	19	20
	21	22	23	24	25	26	27	28	29	30										
(二)	1	2	3	4	5	6	7	8	9	10										

（三）（　）の中に**漢字**を書いて、上と**はんたいのいみのことば**にしなさい。
(10) 2×5

勝つ ― 1（　）《ま》ける

かりる ― 2（　）《かえ》す

自分 ― 3（　）《あい》手

重い ― 4（　）《かる》い

たおれる ― 5（　）《お》きる

（四）**おなじなかまの漢字**を□の中に書きなさい。
(20) 2×10

くさかんむり（艹）… 1□《にが》い・2□《に》物

しんにょう しんにゅう（⻌）… 幸3□《うん》・4□《お》う

さんずい（氵）… 5□《よう》服・ごま6□《あぶら》

しかばね かばね（尸）… 薬7□《きょく》・山小8□《や》

かねへん（金）… 9□《てつ》道・10□《ぎん》色

会場ばんごう

会場名

じゅけんばんごう

受検の際《さい》には、この部分はすべて、はじめから印字されています。ここには何も書かないでください。

※ここには書かないこと。

(三)	1	2	3	4	5					
(四)	1	2	3	4	5	6	7	8	9	10
(五)	1	2	3	4	5	6	7	8	9	10
(六)	1	2	3	4	5					

8級 5

うらもわすれずにやりましょう。

（五）つぎの（　）の中に**漢字**を書きなさい。
(20) 2×10

つくえの上に世1（　）《かい》地図を広げる。

新しく2（　）《かい》店したスーパーに行く。

歯医3（　）《しゃ》さんに虫歯をみてもらう。

ひまわり畑の4（　）《しゃ》真をとった。

書店でグリム5（　）《どう》話の本をさがす。

ふくろうは主に夜に活6（　）《どう》する。

夕食後に算数の宿7（　）《だい》をした。

父の子ども時8（　）《だい》の話を聞いた。

昼の校内放9（　）《そう》で音楽が流れた。

遠足の日の天気を予10（　）《そう》する。

（六）つぎの――線の**カタカナ**を○の中の**漢字**と**おくりがな（ひらがな）**で□の中に書きなさい。
(10) 2×5

〈れい〉（大）**オオキイ**花がさく。　大きい

1 （転）ねこが前足でボールを**コロガス**。

2 （等）母と姉の身長はほぼ**ヒトシイ**。

3 （曲）はり金をペンチで**マゲル**。

4 （泳）魚が川の流れにさからって**オヨグ**。

5 （安）新せんな野さいを**ヤスク**買った。

―うらへつづく―

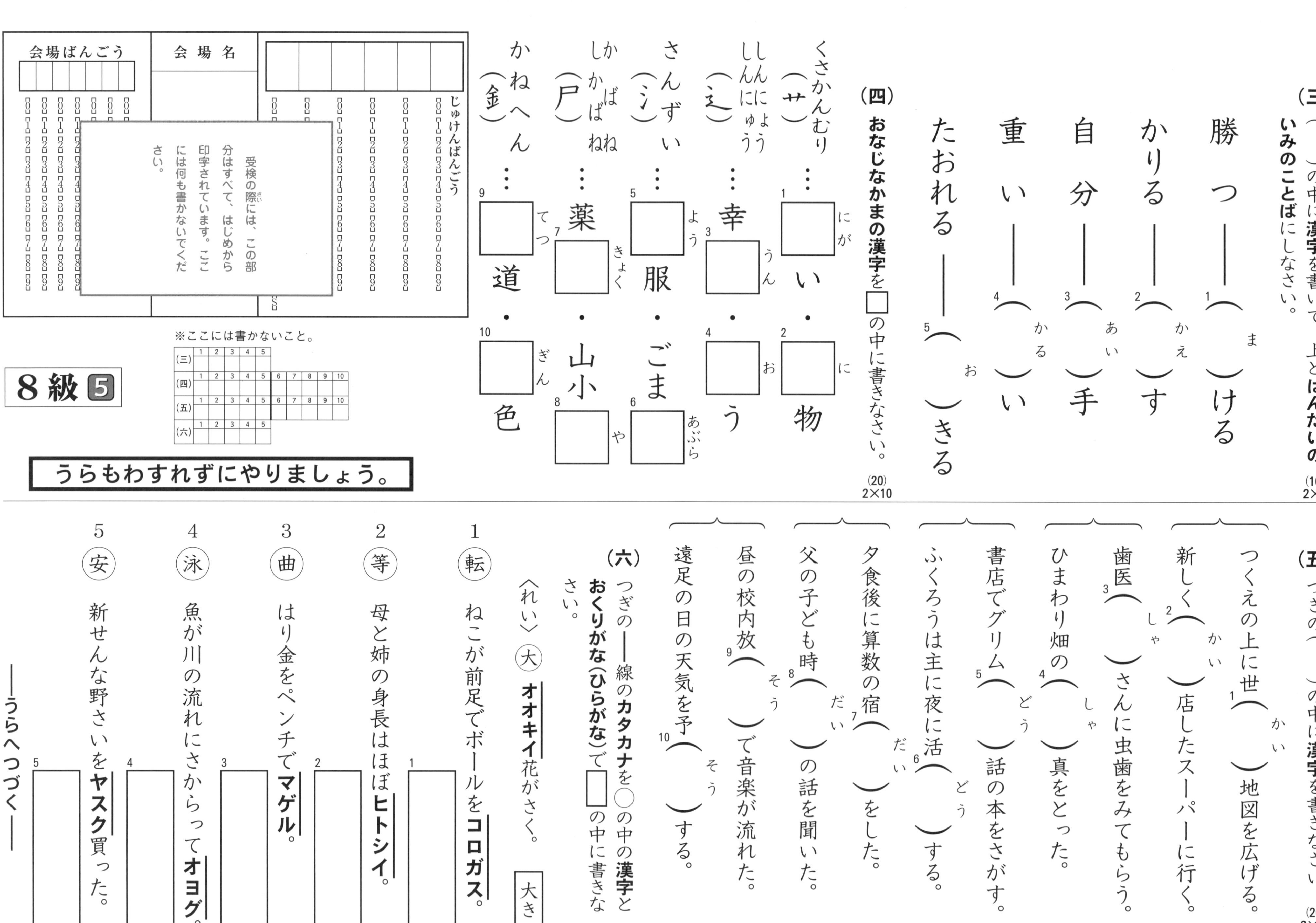

(七) つぎの――線の**漢字**の**読みがな**を――線の**右**に書きなさい。 (10) 1×10

1 気温の高い日がつづいている。
2 カレーを温めてごはんにかけた。

3 へちまが育つ様子をかんさつした。
4 広場に王様のどうぞうが立っている。

5 帰りがおそくなって心配をかけた。
6 先生が計算テストの用紙を配る。

7 笛の合図で行進を始める。
8 駅ビルの工事が計画どおり進む。

9 夕日にてらされて湖面が赤くそまる。
10 湖のほとりでキャンプをした。

(八) つぎの□の中に**漢字**を書きなさい。 (40) 2×20

1 山道は 1□《ふか》 いきりにつつまれて
見通しが 2□《わる》 かった。

2 体育の時間に四チームに分かれて
リレーの 3□《れん》 4□《しゅう》 をした。

3 気球に 5□《の》 って大空をゆっくり
6□《たび》 してみたい。

4 木々の 7□《みどり》 が雨にぬれて
8□《うつく》 しい。

5 教科書の文 9□《しょう》 を読んで
考えたことを 10□《はっ》 表する。

6 おばは、市 11□《やく》 所の近くにある
大きな 12□《びょう》 院につとめている。

7 13□《にわ》 に 14□《う》 えた木いちごに
赤い実がなった。

8 15□《ゆう》 名な画家のてんらん会に行くと
入場待ちの行 16□《れつ》 ができていた。

9 ガラスの 17□《さら》 にぶどうをのせて
お 18□《きゃく》 さんに出す。

10 19□《くら》 い空にいなずまが走って
すぐ 20□《き》 えた。

▼標準解答(こたえ)は35・36ページ

―おわり―

これから下は書かないこと。

枚 年度 回程 日 級

※ここには書かないこと。

(七)	1	2	3	4	5	6	7	8	9	10						
(八)	1	2	3	4												
	5	6	7	8	9	10	11	12	13	14	15	16	17	18	19	20

8級

漢検

2020年度 日本漢字能力検定《にほんかんじのうりょくけんてい》 標準解答《ひょうじゅんかいとう》（こたえ）1

検定日 2020年6月19日

(公財)日本漢字能力検定協会

▼しけんもんだいは7～10ページ

（一） つぎの―線の**漢字**の**読みがな**を―線の**右**に書きなさい。 (30) 1×30

1 公園でさくらの写真《しゃしん》をとった。
2 漢字の勉強《べんきょう》に力を入れる。
3 暑《あつ》さをさけて早朝に散《さん》歩をする。
4 クロールの息《いき》つぎの仕方を習う。
5 音楽隊《たい》が大通りを行進《こうしん》する。
6 山の上に美《うつく》しいにじがかかった。
7 自分が作った詩《し》を声に出して読む。
8 ランドセルを六年間大事《だいじ》に使う。
9 横書《よこが》きのノートに日記をつける。
10 市役所は町のほぼ中央《ちゅうおう》にある。
11 主人公《しゅじんこう》がぼうけんの旅に出る。
12 たんぽぽは地中深く根《ね》をのばす。
13 海外に出かける父を見送《みおく》る。
14 川の岸《きし》べでつくしを見つけた。
15 日本列島《れっとう》は南北につらなっている。
16 山田君の投《な》げるボールは速い。
17 部屋《へや》のカーテンを取りかえる。
18 地面《じめん》の水たまりをよけて歩く。
19 新しい洋服《ようふく》を買ってもらう。
20 登校《とうこう》のとちゅうで友だちに会った。
21 地下鉄《ちかてつ》のホームで電車を待つ。
22 兄とうでずもうをして負《ま》けた。
23 今夜は流《なが》れ星が見られそうだ。
24 プレゼントの箱《はこ》にリボンをかける。
25 足取りも軽《かる》く、野道を歩く。
26 新学期の学級委員《いいん》をえらぶ。
27 旅行の予定《よてい》をカレンダーに書く。
28 先生に指名《しめい》されて教科書を読む。
29 ポットの湯《ゆ》でお茶をいれる。
30 道を教えてくれた人にお礼《れい》を言う。

合格者平均得点 29.0/30

（二） つぎの**漢字**の**太いところ**は、**何番め**に書きますか。○の中に**数字**を書きなさい。 (10) 1×10

1 県……⑧
2 波……⑥
3 寒……④
4 緑……⑩
5 息……⑧
6 炭……⑨
7 橋……⑯
8 章……⑪
9 勉……⑩
10 所……⑧

合格者平均得点 9.1/10

（三） （ ）の中に**漢字**を書いて、上と**はんたいのいみのことば**にしなさい。 (10) 2×5

1 部分―（全《ぜん》）体
2 よい―（悪《わる》）い
3 配る―（集《あつ》）める
4 来年―（去《きょ》）年
5 にげる―（追《お》）う

合格者平均得点 9.4/10

（四） **おなじなかまの漢字**を□の中に書きなさい。 (20) 2×10

いとへん（糸）… 1 練《れん》習・2 終《しゅう》業式
こころ（心）… 3 注意《い》・4 急《きゅう》用
しんにょう しんにゅう（辶）… 5 運《うん》転・6 遊《あそ》び場
さんずい（氵）… 7 空港《こう》・8 体温《おん》計
うかんむり（宀）… 9 実《じつ》行・10 守《まも》る

合格者平均得点 18.6/20

―うらへつづく―

（五）つぎの（　）の中に**漢字**を書きなさい。

(20) 2×10

子犬がぶじに生まれて 1（安《あん》）心した。

2（暗《あん》）算でおつりの計算をする。

転入生に 3（住《じゅう》）所を教えてもらった。

生まれたときの体 4（重《じゅう》）を母に聞く。

合唱《しょう》コンクールで二 5（曲《きょく》）歌った。

テレビ 6（局《きょく》）へ社会科見学に行く。

校内の美化について 7（相《そう》）談する。

童話を読んで感 8（想《そう》）文を書いた。

ねつが高いので 9（病《びょう》）院に行った。

音が一 10（秒《びょう》）間に進むきょりを調べる。

合格者平均得点 18.4 / 20

（六）つぎの――線の**カタカナ**を○の中の**漢字**と**おくりがな（ひらがな）**で□の中に書きなさい。

(10) 2×5

〈れい〉㊅大 **オオキイ**花がさく。　［大きい］

1 ㊅苦 山道がけわしくて息が**クルシク**なった。　1［苦しく］

2 ㊅決 学級新聞の名前を**キメル**。　2［決める］

3 ㊅味 赤くじゅくしたいちごを**アジワウ**。　3［味わう］

4 ㊅泳 ばた足で十メートル**オヨグ**。　4［泳ぐ］

5 ㊅放 広い草原に羊を**ハナス**。　5［放す］

合格者平均得点 8.9 / 10

（七）つぎの――線の**漢字**の**読みがな**を――線の**右**に書きなさい。

(10) 1×10

1 水平線《すいへいせん》に夕日がしずんでいく。

ねん土をこねて 2 平《ひら》たくのばす。

算数の 3 問題《もんだい》を読んで式を考える。

友だちの 4 問《と》いかけに答える。

一列にならんでバスに 5 乗車《じょうしゃ》する。

牧《ぼく》場で小さな馬に 6 乗《の》せてもらった。

7 植物園《しょくぶつえん》で見た花について調べる。

8 物語《ものがたり》のあらすじをまとめる。

9 農薬《のうやく》を使わずに米を作る。

食後にせき止めの 10 薬《くすり》を飲む。

合格者平均得点 9.5 / 10

（八）つぎの□の中に**漢字**を書きなさい。

(40) 2×20

1 夏休みの自由研 1［究《きゅう》］を みんなの前で発 2［表《ぴょう》］する。

2 電車の車内放送で、3［次《つぎ》］にとまる 4［駅《えき》］の名前を知らせる。

3 父は地区の 5［祭《まつ》］りをまもる 活 6［動《どう》］に取り組んでいる。

4 日曜日に、7［有《ゆう》］名な野 8［球《きゅう》］の 選《せん》手がコーチをしてくれた。

5 時計回りと 9［反《はん》］10［対《たい》］に グラウンドを走る。

6 図書 11［館《かん》］で本を 12［返《かえ》］した後、新着の本をかりた。

7 13［昔《むかし》］の人が使った道具から 当時のくらしの 14［様《よう》］子を知る。

8 夕方、デパートの食 15［品《ひん》］売り場が 多くの 16［客《きゃく》］でにぎわう。

9 一学期は、うさぎの 17［世《せ》］話を する 18［係《かかり》］になった。

10 姉は六時ごろには 19［起《お》］きて、おべんとう作りを 20［始《はじ》］める。

合格者平均得点 36.7 / 40

――おわり――

8級 ①

○この答えを見て、書けなかったところはどこか、まちがったところはどこか、しっかりたしかめてください。

○書けなかった字や、まちがったところは、そのままにしないで、すぐに練習をして正しくおぼえましょう。

8級

漢検

2020年度 日本《にほん》漢字《かんじ》能力《のうりょく》検定《けんてい》 標準《ひょうじゅん》解答《かいとう》（こたえ）2

検定日 2020年10月31日

（公財）日本漢字能力検定協会

▼しけんもんだいは11〜14ページ

（一）

つぎの——線の**漢字の読みがな**を——線の**右**に書きなさい。 (30) 1×30

1 西の空を赤くそめて太陽《たいよう》がしずむ。
2 今年はかきがたくさん実《みの》った。
3 新学期《しんがっき》に席《せき》がえがあった。
4 本の目次《もくじ》を見て内ようをたしかめる。
5 先月から体そう教室に通い始《はじ》めた。
6 いちごの味《あじ》が口いっぱいに広がる。
7 駅前《えきまえ》の花だんにコスモスがさく。
8 急に寒くなって体調《たいちょう》をくずした。
9 坂道《さかみち》を上ると小さい神社があった。
10 姉は上手にりんごの皮《かわ》をむく。
11 リレーで次の走者《そうしゃ》にバトンをわたす。
12 みそしるに豆《とう》ふを一丁入れる。
13 かりていた本を友だちに返《かえ》す。
14 プランターでパンジーを育《そだ》てる。
15 スポーツを通じて他校と交流《こうりゅう》する。
16 ノートの表紙《ひょうし》に名前を書く。
17 たぬきが茶がまに化《ば》ける昔話を読む。
18 昼休みが終《お》わって教室にもどる。
19 電車が長い鉄橋《てっきょう》をわたっていく。
20 おじの家は米を作る農家《のうか》だ。
21 お宮《みや》の秋祭りに出店がならぶ。
22 ピアニストとして世界《せかい》で活やくする。
23 ベッドでしばらく横《よこ》になって休む。
24 朝早く起《お》きてラジオ体そうをする。
25 待ち合わせの場所《ばしょ》に早く着いた。
26 クロールで二十五メートル泳《およ》ぐ。
27 げきの長いせりふを暗記《あんき》する。
28 決《き》められた曜日にごみを出す。
29 バスはカーブで速度《そくど》を落とした。
30 自分の書いた文章《ぶんしょう》を読み直す。

合格者平均得点 28.9/30

（二）

つぎの**漢字**の**太いところ**は、**何番め**に書きますか。◯の中に**数字**を書きなさい。 (10) 1×10

1 勝……⑧
2 漢……⑫
3 追……②
4 委……⑥
5 病……⑦
6 練……⑭
7 短……⑫
8 起……⑩
9 助……⑦
10 祭……⑪

合格者平均得点 8.9/10

（三）

（　）の中に**漢字**を書いて、上と**はんたいの**いみのことばにしなさい。 (10) 2×5

心配——1（安《あん》）心
教える——2（習《なら》）う
うれしい——3（悲《かな》）しい
のばす——4（曲《ま》）げる
さんせい——5反（対《たい》）

合格者平均得点 9.5/10

（四）

おなじなかまの漢字を□の中に書きなさい。 (20) 2×10

くさかんむり（艹）…目 1薬《くすり》・2苦《にが》い
こころ（心）…感 3想《そう》・4悪《あく》人
しょくへん（食）…5飲《の》む・図書 6館《かん》
はつがしら（癶）…出 7発《ぱつ》・山 8登《のぼ》り
きへん（木）…黒 9板《ばん》・電 10柱《ちゅう》

合格者平均得点 19.1/20

——うらへつづく——

8級 2

○この答えを見て、書けなかったところはどこか、まちがったところはどこか、しっかりたしかめてください。

○書けなかった字や、まちがったところは、そのままにしないで、すぐに練習をして正しくおぼえましょう。

〔不許複製〕

(五) つぎの（　）の中に**漢字**を書きなさい。 (20) 2×10

クラス全1（員《いん》）で大なわとびをした。

入2（院《いん》）した友だちに手紙を書く。

だれもが幸3（福《ふく》）になりたいとねがう。

洋4（服《ふく》）のボタンが取れそうだ。

うちゅうから地5（球《きゅう》）を見てみたい。

自由研6（究《きゅう》）でコアラについて調べた。

グラウンドの7（使《し》）用きそくを守る。

交通じこによる8（死《し》）者の数がへった。

夕食の前に宿9（題《だい》）をすませる。

母の小学校時10（代《だい》）の話を聞いた。

合格者平均得点 18.1/20

(六) つぎの——線の**カタカナ**を○の中の**漢字**と**おくりがな（ひらがな）**で□の中に書きなさい。 (10) 2×5

〈れい〉 (大) **オオキイ**花がさく。 [大きい]

1 (拾) 道に落ちていたハンカチを**ヒロウ**。 1 [拾う]

2 (温) **アタタカイ**うどんを注文する。 2 [温かい]

3 (集) くぬぎの木にかぶと虫が**アツマル**。 3 [集まる]

4 (美) 青くすんだ湖が**ウツクシイ**。 4 [美しい]

5 (植) さくら草のなえを**ウエル**。 5 [植える]

合格者平均得点 9.4/10

(七) つぎの——線の**漢字**の**読みがな**を——線の**右**に書きなさい。 (10) 1×10

新しいスーパーが明日1 開店《かいてん》する。

海べの町で花火大会が2 開《ひら》かれた。

指先にとげがささって少し3 出血《しゅっけつ》した。

きず口に当てたガーゼに4 血《ち》がにじむ。

トラックで荷物を5 運送《うんそう》する。

たんぽぽのたねが風に6 運《はこ》ばれる。

細かい作業に7 根気《こんき》よく取り組む。

山道で木の8 根《ね》につまずいた。

とび箱の9 着地《ちゃくち》が上手にできた。

寒いので長そでのシャツを10 着《き》た。

合格者平均得点 9.3/10

(八) つぎの□の中に**漢字**を書きなさい。 (40) 2×20

1 弟がビー玉を1 [転《ころ》]がして2 [遊《あそ》]んでいる。

2 山小3 [屋《や》]のまどから星空を見て、とても感4 [動《どう》]した。

3 町の昔の5 [写《しゃ》]6 [真《しん》]を見ながら当時のくらしについて考えた。

4 新かん線に7 [乗《の》]って、東京に8 [向《む》]かう。

5 休日に家9 [族《ぞく》]そろって、10 [庭《にわ》]でバーベキューをした。

6 11 [身《しん》]長と体12 [重《じゅう》]をはかって記ろくする。

7 学級文13 [庫《こ》]のかし出しについてみんなで14 [意《い》]見を出し合う。

8 一週間の15 [予《よ》]定で九16 [州《しゅう》]を旅行する。

9 農家の人が朝早くから、畑で17 [仕《し》]18 [事《ごと》]をしている。

10 物語を読んで、19 [主《しゅ》]人公と同じ気20 [持《も》]ちになった。

合格者平均得点 37.0/40

——おわり——

8級

漢検

2021年度 日本《にほん》漢字《かんじ》能力《のうりょく》検定《けんてい》 標準《ひょうじゅん》解答《かいとう》（こたえ）3

検定日 2021年6月11日

(公財)日本漢字能力検定協会

▼しけんもんだいは15～18ページ

（一） つぎの――線の**漢字**の**読みがな**を――線の**右**に書きなさい。 (30) 1×30

1 あじさいの花が雨にぬれて美《うつく》しい。
2 畑《はたけ》で育てているトマトが色づく。
3 バスに乗車する人の列《れつ》ができる。
4 夕食の前に宿題《しゅくだい》をやり終える。
5 妹の病気がなおって安心《あんしん》した。
6 学校で習った曲《きょく》をたて笛でふく。
7 二けたの数のたし算を暗算《あんざん》でする。
8 子犬が鼻《はな》を鳴らしてあまえる。
9 クロールの息《いき》つぎを練習する。
10 あらった皿《さら》をていねいにふく。
11 薬《くすり》がきいて、ねつが下がってきた。
12 ゆうびん局《きょく》へ切手を買いに行く。
13 おばの引っこし先の住所《じゅうしょ》を聞く。
14 詩《し》を読んで感想を話し合う。
15 今年はうめの実《み》がたくさんなった。
16 選《せん》手が整列して開会式《かいかいしき》が始まる。
17 風の力を利《り》用して電気を起《お》こす。
18 湖《みずうみ》のほとりでキャンプをする。
19 カレンダーに来月の予定《よてい》を書く。
20 駅《えき》の近くのコンビニに行った。
21 ねる前にしっかり歯《は》をみがく。
22 筆箱《ふでばこ》に新しいえん筆を入れた。
23 じしゃくは鉄《てつ》を引きつける。
24 グリム童話《どうわ》の本を三さつ読んだ。
25 ひこうきが空港《くうこう》をとび立った。
26 つくえの横《よこ》に本だなをおく。
27 友だちの投《な》げたボールを受ける。
28 金と銀《ぎん》の色紙でメダルを作った。
29 姉の指《ゆび》さす方向に天の川が見えた。
30 命《いのち》の大切さについて考える。

合格者平均得点 29.4/30

（二） つぎの**漢字**の**太いところ**は、**何番め**に書きますか。〇の中に**数字**を書きなさい。 (10) 1×10

1 漢……④
2 期……③
3 福……⑦
4 農……⑪
5 談……⑧
6 県……⑨
7 旅……⑩
8 悲……⑫
9 死……⑥
10 第……⑪

合格者平均得点 9.3/10

（三） （　）の中に**漢字**を書いて、上と**はんたいのいみのことば**にしなさい。 (10) 2×5

勝つ――1（負《ま》）ける
軽い――2（重《おも》）い
部分――3（全《ぜん》）体
拾う――4（落《お》）とす
かた方――5（両《りょう》）方

合格者平均得点 9.4/10

（四） **おなじなかまの漢字**を□の中に書きなさい。 (20) 2×10

ぎょうにんべん（彳）…1 待《ま》つ・主 2 役《やく》
ちから（力）…3 勉《べん》強・4 助《たす》かる
まだれ（广）…中 5 庭《にわ》・金 6 庫《こ》
はつがしら（癶）…7 登《とう》校・8 発《はつ》明
きへん（木）…電 9 柱《ちゅう》・大 10 根《こん》

合格者平均得点 18.9/20

――うらへつづく――

8級 3

(五) つぎの（　）の中に**漢字**を書きなさい。 (20) 2×10

1(有)《ゆう》名な画家の絵をかべにかざる。

日曜日に家族で2(遊)《ゆう》園地に行った。

はしご車が出て3(消)《しょう》火にあたる。

自分の考えを文4(章)《しょう》にまとめた。

読書ノートに書名と作5(者)《しゃ》名を書く。

花だんのひまわりを6(写)《しゃ》生する。

図書7(委)《い》員が本のかし出しをする。

車に注8(意)《い》して道路をわたる。

プロ野9(球)《きゅう》の試《し》合をテレビで見た。

母は10(急)《きゅう》用ができて出かけた。

合格者平均得点 18.1/20

(六) つぎの——線の**カタカナ**を○の中の**漢字**と**おくりがな（ひらがな）**で□の中に書きなさい。 (10) 2×5

〈れい〉 (大) **オオキイ**花がさく。 [大きい]

1 (温) 茶わんに**アタタカイ**ごはんをもる。 [1 温かい]

2 (転) ボールが坂道を**コロガル**。 [2 転がる]

3 (化) きつねが花よめに**バケル**話を読む。 [3 化ける]

4 (返) 友だちにかりた本を**カエス**。 [4 返す]

5 (等) 二つの円の大きさは**ヒトシイ**。 [5 等しい]

合格者平均得点 9.2/10

(七) つぎの——線の**漢字**の**読みがな**を——線の**右**に書きなさい。 (10) 1×10

1 石油《せきゆ》をつんだタンカーが港に入る。

部屋のかべに2 油絵《あぶらえ》をかける。

店員が3 商品《しょうひん》をたなにならべる。

父はトランプの4 手品《てじな》がとくいだ。

弟は遠足の日の天気を5 心配《しんぱい》している。

社会科見学のしおりを6 配《くば》る。

7 悪人《あくにん》が去って村は平和になった。

きりが深くて見通しが8 悪《わる》い。

9 歩道橋《ほどうきょう》をわたって学校に行く。

島と島をむすぶ10 橋《はし》ができた。

合格者平均得点 9.4/10

(八) つぎの□の中に**漢字**を書きなさい。 (40) 2×20

1 木の1[葉]《は》の2[緑]《みどり》がだんだんこくなってきた。

2 水族3[館]《かん》の大きな水そうでいわしのむれが4[泳]《およ》ぐ。

3 雨の日がつづいて5[運]《うん》6[動]《どう》場に水たまりができた。

4 暑い日にはジュースに7[氷]《こおり》を入れて8[飲]《の》みたくなる。

5 社会科で9[昔]《むかし》の道10[具]《ぐ》について学習した。

6 自由11[研]《けん》12[究]《きゅう》で雲のでき方を調べた。

7 太13[陽]《よう》のねつで地14[面]《めん》が少しずつあたためられる。

8 主人公の気15[持]《も》ちを考えながら16[物]《もの》語を読んだ。

9 白地図に17[神]《じん》社の記18[号]《ごう》を書き入れる。

10 ボランティアの人たちが海19[岸]《がん》に20[流]《なが》れ着いたごみを拾う。

合格者平均得点 36.2/40

——おわり——

○この答えを見て、書けなかったところはどこか、まちがったところはどこか、しっかりたしかめてください。

○書けなかった字や、まちがったところは、そのままにしないで、すぐに練習をして正しくおぼえましょう。

8級

漢検

2021年度 日本《にほん》漢字《かんじ》能力《のうりょく》検定《けんてい》 標準《ひょうじゅん》解答《かいとう》（こたえ） 4

検定日 2021年6月26日

（公財）日本漢字能力検定協会

▼しけんもんだいは19～22ページ

（一） つぎの——線の**漢字**の**読みがな**を——線の**右**に書きなさい。 (30) 1×30

1 あたり一面《いちめん》に白い花がさいていた。
2 屋根《やね》の上ですずめが鳴いている。
3 次《つぎ》の日曜日にたこあげ大会がある。
4 王様《おうさま》が馬に乗ってあらわれる。
5 白地図に市役所《しやくしょ》の記号を書く。
6 見学した工場にお礼《れい》の手紙を出す。
7 ぼくはこわい話を聞いても平気《へいき》だ。
8 歯医者さんに虫歯《むしば》をみてもらう。
9 神社で一年の幸《しあわ》せをいのる。
10 明日の遠足の用意《ようい》をする。
11 姉は上手にりんごの皮《かわ》をむく。
12 二色の絵の具《ぐ》をまぜ合わせる。
13 クラス全員《ぜんいん》でドッジボールをした。
14 鉄《てつ》やアルミニウムは電気を通す。
15 公園でコンサートが開《ひら》かれた。
16 植物を研究《けんきゅう》する科学者になりたい。
17 父の指《ゆび》さす方向にふじ山が見えた。
18 昼休みにさか上がりの練習《れんしゅう》をする。
19 図書館《としょかん》で童話の本をかりる。
20 大通りの両《りょう》がわにビルが立ちならぶ。
21 拾《ひろ》ったさいふを交番にとどける。
22 広大な畑《はたけ》で小麦を育てている。
23 百を十倍《じゅうばい》すると千になる。
24 雨がやむのを待《ま》って出かける。
25 医者を目指して学問《がくもん》にはげむ。
26 外国の大きな船が港《みなと》を出ていく。
27 組み立てを考えて文章《ぶんしょう》を書く。
28 祭《まつ》りで妹と金魚すくいをした。
29 正方形は四つの辺《へん》の長さが等《ひと》しい。
30 入り口のドアを軽《かる》くノックする。

合格者平均得点 29.1/30

（二） つぎの**漢字**の**太いところ**は、**何番め**に書きますか。〇の中に**数字**を書きなさい。 (10) 1×10

1 岸……④
2 病……⑦
3 泳……⑤
4 問……⑧
5 勝……⑨
6 局……⑦
7 動……⑪
8 速……⑩
9 鼻……⑭
10 配……⑩

合格者平均得点 9.2/10

（三） （ ）の中に**漢字**を書いて、上と**はんたいのいみのことば**にしなさい。 (10) 2×5

高い ——1（安《やす》）い
直線 ——2（曲《きょく》）線
うれしい ——3（悲《かな》）しい
自分 ——4（相《あい》）手
ねる ——5（起《お》）きる

合格者平均得点 9.3/10

（四） **おなじなかまの漢字**を□の中に書きなさい。 (20) 2×10

はつがしら（癶）…出 1 発《ぱつ》・山 2 登《のぼ》り
にんべん（亻）…3 住《じゅう》所・新聞 4 係《がかり》
こころ（心）…感 5 想《そう》・6 急《きゅう》流
のぶん ぼくづくり（攵）…7 放《ほう》送・8 整《ととの》える
しんにょう しんにゅう（辶）…9 返《へん》事・10 運《うん》転手

合格者平均得点 18.6/20

——うらへつづく——

8級 4

（五） つぎの（　）の中に**漢字**を書きなさい。 (20) 2×10

ペンギンが水中を自（1 由《ゆう》）に泳ぎ回る。
（2 有《ゆう》）名な画家のてんらん会に行く。

宿（3 題《だい》）で教科書の詩を音読した。
父は学生時（4 代《だい》）の友人と出かけた。

電話をかけてピザを（5 注《ちゅう》）文する。
道に電（6 柱《ちゅう》）のかげがのびている。

まどから太（7 陽《よう》）の光がさしこむ。
冬物の（8 洋《よう》）服をたんすにしまう。

ねている子犬の写（9 真《しん》）をとる。
兄の（10 身《しん》）長は百六十センチをこえた。

合格者平均得点 18.1/20

（六） つぎの——線の**カタカナ**を○の中の**漢字**と**おくりがな（ひらがな）**で□の中に書きなさい。 (10) 2×5

〈れい〉（大）**オオキイ**花がさく。 ［大きい］

1 （動） 力を合わせて家具を**ウゴカス**。 ［1 動かす］
2 （美） 森のおくに**ウツクシイ**湖があった。 ［2 美しい］
3 （消） 空にかかったにじが**キエル**。 ［3 消える］
4 （重） **オモイ**荷物を持ち上げる。 ［4 重い］
5 （投） ボールを遠くへ**ナゲル**。 ［5 投げる］

合格者平均得点 9.4/10

（七） つぎの——線の**漢字**の**読みがな**を——線の**右**に書きなさい。 (10) 1×10

そそっかしいのがぼくの短所《1 たんしょ》だ。
物語の内ようを短《2 みじか》くまとめる。

先生がみんなの意見を黒板《3 こくばん》に書く。
うすい木の板《4 いた》をのこぎりで切った。

おつりの計算を暗算《5 あんざん》でする。
暗《6 くら》い夜道を月が明るくてらす。

自分で立てた計画を実行《7 じっこう》する。
赤い木の実《8 み》を小鳥がついばむ。

百メートル走で一着《9 いっちゃく》になった。
ゆかたを着《10 き》て花火大会に行く。

合格者平均得点 9.6/10

（八） つぎの□の中に**漢字**を書きなさい。 (40) 2×20

1 近所の文ぼう具店で、新しい［1 筆《ふで》］［2 箱《ばこ》］を買った。
2 つくえの上をかたづけてから［3 勉《べん》］強を［4 始《はじ》］める。
3 グラウンドに［5 集《あつ》］まって野［6 球《きゅう》］の練習をする。
4 夕方、デパートの食［7 品《ひん》］売り場が多くの［8 客《きゃく》］でにぎわっていた。
5 しりとりは、「ん」で［9 終《お》］わる言［10 葉《ば》］を言うと負けになる。
6 ［11 旅《りょ》］行の帰りに［12 駅《えき》］の売店でおみやげをえらぶ。
7 昼すぎから気［13 温《おん》］が上がってむし［14 暑《あつ》］くなってきた。
8 家［15 族《ぞく》］で話し合ってゲームをする時間を［16 決《き》］める。
9 交通ルールを［17 守《まも》］り、車に気をつけて道［18 路《ろ》］をわたる。
10 ［19 遊《ゆう》］園地で、かんらん車に乗る人の長い［20 列《れつ》］ができていた。

——おわり——

合格者平均得点 36.9/40

○この答えを見て、書けなかったところはどこか、まちがったところはどこか、しっかりたしかめてください。

○書けなかった字や、まちがったところは、そのままにしないで、すぐに練習をして正しくおぼえましょう。

8級

漢検

2021年度 日本漢字能力検定《にほんかんじのうりょくけんてい》 標準解答《ひょうじゅんかいとう》(こたえ) 5

検定日 2021年7月2日

(公財)日本漢字能力検定協会

▼しけんもんだいは23〜26ページ

(一) つぎの——線の**漢字**の**読みがな**を——線の**右**に書きなさい。 (30) 1×30

1 毎朝、公園の横を通って登校《とうこう》する。
2 地区《ちく》の夏祭りに出店がならんだ。
3 農家の人が畑で作業《さぎょう》をしている。
4 犬をつれて川の岸《きし》べを散《さん》歩した。
5 黒板に書かれた詩《し》を音読する。
6 水族館《すいぞくかん》でめずらしいくらげを見た。
7 ゴールを目指《めざ》してけんめいに走る。
8 船が向《む》きをかえて港に入ってきた。
9 お化《ば》けの話をすると弟がこわがる。
10 わすれ物を取りに急《いそ》いで家に帰った。
11 二人の学級委員《いいん》を投票《ひょう》でえらぶ。
12 しかの親子が池の水を飲《の》んでいた。
13 コンパスを使《つか》って円をかく。
14 反対《はんたい》がわのホームに電車が来た。
15 車に注意《ちゅうい》しながら道路をわたる。
16 話し合いは短《みじか》い時間で終わった。
17 都会《とかい》には多くの人が住んでいる。
18 ランドセルの中を整理《せいり》する。
19 足をふんばって全力《ぜんりょく》でつなを引く。
20 馬はとぶような速《はや》さで草原をかけた。
21 すばらしい歌声に心を打《う》たれた。
22 プールのそこにしずんだ小石を拾《ひろ》う。
23 自分とちがう考えも受《う》け入れる。
24 昼には体の調子《ちょうし》がよくなった。
25 家の金庫《きんこ》に大事な物をしまう。
26 たきたてのごはんから湯気《ゆげ》が立つ。
27 クラスで話し合って係を決《き》めた。
28 五十メートルを十秒《じゅうびょう》で走った。
29 文ぼう具店で新しい筆箱《ふでばこ》を買った。
30 はだしになって波《なみ》うちぎわを歩く。

合格者平均得点 28.9/30

(二) つぎの**漢字**の**太いところ**は、**何番め**に書きますか。◯の中に**数字**を書きなさい。 (10) 1×10

1 悲……⑩
2 式……①
3 笛……⑦
4 助……⑥
5 寒……⑧
6 研……⑨
7 着……⑫
8 次……⑥
9 路……⑬
10 遊……⑫

合格者平均得点 9.1/10

(三) (　)の中に**漢字**を書いて、上と**はんたいのいみのことば**にしなさい。 (10) 2×5

1 勝つ——(負《ま》)ける
2 かりる——(返《かえ》)す
3 自分——(相《あい》)手
4 重い——(軽《かる》)い
5 たおれる——(起《お》)きる

合格者平均得点 9.1/10

(四) **おなじなかまの漢字**を□の中に書きなさい。 (20) 2×10

くさかんむり(艹)……1 苦《にが》い・2 荷《に》物
しんにょう しんにゅう(辶)……幸 3 運《うん》・4 追《お》う
さんずい(氵)……5 洋《よう》服・ごま 6 油《あぶら》
かばね しかばね(尸)……薬 7 局《きょく》・山小 8 屋《や》
かねへん(金)……9 鉄《てつ》道・10 銀《ぎん》色

合格者平均得点 18.2/20

——うらへつづく——

8級 5

(五) つぎの（　）の中に**漢字**を書きなさい。 (20) 2×10

1 つくえの上に世（界《かい》）地図を広げる。
2 新しく（開《かい》）店したスーパーに行く。
3 歯医（者《しゃ》）さんに虫歯をみてもらう。
4 ひまわり畑の（写《しゃ》）真をとった。
5 書店でグリム（童《どう》）話の本をさがす。
6 ふくろうは主に夜に活（動《どう》）する。
7 夕食後に算数の宿（題《だい》）をした。
8 父の子ども時（代《だい》）の話を聞いた。
9 昼の校内放（送《そう》）で音楽が流れた。
10 遠足の日の天気を予（想《そう》）する。

合格者平均得点 17.9 / 20

(六) つぎの——線の**カタカナ**を○の中の**漢字**と**おくりがな(ひらがな)**で□の中に書きなさい。 (10) 2×5

〈れい〉 大 **オオキイ**花がさく。 大きい

1 転 ねこが前足でボールを**コロガス**。 転がす
2 等 母と姉の身長はほぼ**ヒトシイ**。 等しい
3 曲 はり金をペンチで**マゲル**。 曲げる
4 泳 魚が川の流れにさからって**オヨグ**。 泳ぐ
5 安 新せんな野さいを**ヤスク**買った。 安く

合格者平均得点 9.1 / 10

(七) つぎの——線の**漢字**の**読みがな**を——線の**右**に書きなさい。 (10) 1×10

1 気温《きおん》の高い日がつづいている。
2 カレーを温《あたた》めてごはんにかけた。
3 へちまが育つ様子《ようす》をかんさつした。
4 広場に王様《おうさま》のどうぞうが立っている。
5 帰りがおそくなって心配《しんぱい》をかけた。
6 先生が計算テストの用紙を配《くば》る。
7 笛の合図で行進《こうしん》を始める。
8 駅ビルの工事が計画どおり進《すす》む。
9 夕日にてらされて湖面《こめん》が赤くそまる。
10 湖《みずうみ》のほとりでキャンプをした。

(八) つぎの□の中に**漢字**を書きなさい。 (40) 2×20

1 山道は深《ふか》いきりにつつまれて見通しが悪《わる》かった。
2 体育の時間に四チームに分かれてリレーの練《れん》習《しゅう》をした。
3 気球に乗《の》って大空をゆっくり旅《たび》してみたい。
4 木々の緑《みどり》が雨にぬれて美《うつく》しい。
5 教科書の文章《しょう》を読んで考えたことを発《はっ》表する。
6 おばは、市役《やく》所の近くにある大きな病《びょう》院につとめている。
7 庭《にわ》に植《う》えた木いちごに赤い実がなった。
8 有《ゆう》名な画家のてんらん会に行くと入場待ちの行列《れつ》ができていた。
9 ガラスの皿《さら》にぶどうをのせてお客《きゃく》さんに出す。
10 暗《くら》い空にいなずまが走ってすぐ消《き》えた。

合格者平均得点 9.4 / 10

合格者平均得点 36.4 / 40

—おわり—

○この答えを見て、書けなかったところはどこか、まちがったところはどこか、しっかりたしかめてください。

○書けなかった字や、まちがったところは、そのままにしないで、すぐに練習をして正しくおぼえましょう。